France GUIRAMAND
Professeur de droit en DECF
Agrégée d'économie et gestion
DEA de droit des affaires
Membre des commissions d'examen
de l'expertise comptable

Alain HÉRAUD
Diplômé de droit des affaires
Avocat en droit des sociétés
Membre des commissi[illegible] en

DECF 1

CORRIGÉS DU MANUEL

Droit des sociétés

des autres groupements et des entreprises en difficulté

DUNOD

ISBN 2 10 049929 7

ISSN 1269-8792

Sommaire

Partie 5 : L'entreprise en difficulté

PARTIE 1

L'entreprise sous forme sociétaire

1 Création de la société : règles de constitution

Tests

1. Statut juridique :

- SNCF : établissement public industriel et commercial (EPIC).
- Air France : société anonyme.
- Université : établissement public.
- Air Liquide : société anonyme.
- Michelin : société en commandite par actions.
- Olympique de Marseille : société anonyme à objet sportif (SAOS).
- Médecins sans frontières : association déclarée d'utilité publique.
- Carte bleue : groupement d'intérêt économique.

2. Définition de l'article 1832 du Code civil

La société est instituée par deux ou plusieurs personnes qui conviennent par un contrat d'affecter à une entreprise commune des biens ou leur industrie en vue de partager le bénéfice ou de profiter de l'économie qui pourra en résulter. Elle peut être instituée, dans les cas prévus par la loi, par l'acte de volonté d'une seule personne.

Les associés s'engagent à contribuer aux pertes.

3. Éléments du contrat de société

Il faut des associés, des apports, une entreprise commune, le partage des bénéfices ou la recherche d'économies, l'*affectio societatis*, la contribution aux pertes.

4. Article 1108 du Code civil

Il fixe les conditions de validité de tout contrat :
- le consentement de la partie qui s'oblige ;
- sa capacité de contracter ;
- un objet certain qui forme la matière de l'engagement ;
- une cause licite dans l'obligation.

Le consentement doit être réel, non vicié, l'objet et la cause licites et moraux.

La société étant un contrat, ces conditions devront être respectées.

5. Deux époux séparément, ensemble ou avec d'autres personnes peuvent être associés dans une même société (art. 1832-1 C. civ). Chaque époux peut librement devenir associé d'une société en apportant un bien. Il ne doit pas mettre en péril les intérêts de sa famille par son apport (art. 220-1 C. civ.). À la demande de son conjoint, le président du tribunal de grande instance peut le priver du droit d'apporter.

La réglementation des apports d'un époux dépend de son régime matrimonial.

Dans le régime de séparation de biens, chaque époux a des biens propres qu'il peut apporter librement (sauf pour l'apport du logement familial – droit de propriété, droit au bail, etc. – et du mobilier pour lequel l'accord du conjoint est obligatoire).

Dans le régime de communauté réduite aux acquêts (qui est le régime légal), l'époux peut apporter librement un bien propre (sous réserve du logement familial et du mobilier). S'il souhaite apporter un bien commun, l'un ou l'autre époux peut le faire librement dans certaines limites :
- si le bien commun est nécessaire à l'activité professionnelle d'un époux, seul ce dernier peut en faire l'apport ;
- en cas d'apport d'un bien commun à une SNC, SCS ou SARL, l'époux apporteur doit informer son conjoint et justifier de cette information dans l'acte d'apport, à peine de nullité de l'apport (art. 1832-2 C. civ.) ;
- quelle que soit la forme de la société, le consentement du conjoint est obligatoire pour l'apport d'un immeuble, d'un fonds de commerce, d'une exploitation (agricole, artisanale), de droits sociaux non négociables (parts de société civile ou de SARL notamment), de meubles corporels dont la vente est soumise à publicité (yachts, avions mais pas les automobiles) (art. 1424 et 1425 C. civ.).

Si un des époux outrepasse ses pouvoirs sur les biens communs, son conjoint peut demander l'annulation de l'apport (art. 1427 C. civ.).

Application au cas :

- Si la somme de 2 000 € est un bien propre : liberté d'apport.
- Si la somme est un bien commun :
  - apporté à une société dont les titres sont négociables (SA, SCA, SAS) : liberté d'apport ;
  - apporté à une société dont les titres ne sont pas négociables (SNC, SCS, SARL) : il faudra que :
    - l'époux notifie à son conjoint son intention d'apport,
    - la justification de cet avertissement figure dans l'acte d'apport ;
- Le conjoint peut notifier à la société son intention d'être associé ; dans ce cas la qualité d'associé est reconnue au conjoint pour la moitié des parts (art. 1832-2 C. civ.) si le conjoint ne souhaite pas être associé, seul l'époux apporteur le sera. Les titres donnés en échange de l'apport constituent un bien commun.

6. Régimes matrimoniaux

Régime légal : régime de la communauté réduite aux acquêts

Biens propres du mari	Biens propres de la femme
Biens communs	

- *Biens propres :* biens dont l'époux est propriétaire au jour de la célébration du mariage ou qu'il a acquis pendant le mariage par succession, donation ou legs, ou à la suite d'un réemploi ou d'un emploi. (ex. vente d'un bien propre au cours du mariage et achat avec la somme d'un autre bien : le nouveau bien reste un bien propre si les formalités de réemploi sont effectuées).
- *Biens communs :* biens acquis après la célébration du mariage (sauf les cas de biens propres cités plus haut).

Régime de la séparation de biens

Biens propres du mari	Biens propres de la femme

7. Un associé de 15 ans

Un mineur de 15 ans est un incapable. Il peut être associé dans n'importe quelle société sauf les sociétés nécessitant la qualité de commerçant (société en nom collectif, associé commandité dans la société en commandite simple ou la société en commandite par actions). Il sera représenté dans les assemblées par son représentant légal.

8. Une handicapée mentale comme associée

Un majeur incapable peut être associé mais, selon le régime sous lequel il est placé, le conseil de famille interviendra pour l'autoriser à apporter. La fille sera représentée par son tuteur ou assistée de son curateur pour participer à la société.

9. Nombre minimum de participants dans

- SA : 7 (3 dans la SELAFA).
- SARL : 1 (SARL unipersonnelle) ou 2 (SARL pluripersonnelle).
- Société civile : 2.
- Société en commandite simple : 1 commandité, 1 commanditaire.
- Société en commandite par actions : 1 commandité, 3 commanditaires.
- Société en participation : 2.
- Groupement d'intérêt économique : 2.
- SAS : 1(SASU), 2 (SAS)

10. Maximum d'associés

Seulement dans la SARL pluripersonnelle : 100.

11. IBM

- IBM société-mère : société américaine.
- IBM France : filiale, société française.

12. Ricard

Société française car son siège social est situé en France. Toute société dont le siège est situé sur le territoire français est soumise à la loi française.

13. Apport d'immeuble

La société en devient propriétaire, l'apporteur reçoit en échange des droits sociaux. Il est devenu créancier de la société.

14. Facture EDF impayée

EDF est créancière de la SARL dans laquelle les associés ne sont responsables des dettes sociales qu'à concurrence de leur apport. Après avoir vainement mis en demeure la société, EDF restera impayée et n'a pas de recours contre les associés du fait de leur limitation de responsabilité.

15. Émission de télévision

Une société peut défendre son droit à l'honneur et peut engager une action en diffamation si elle arrive à démontrer les éléments constitutifs de ce délit ; ceci par l'intermédiaire de son représentant légal.

16. Bouygues

C'est le représentant légal qui a les pouvoirs les plus étendus pour agir en toute circonstance au nom de la société. La société Bouygues étant une entreprise de construction, le contrat d'édification d'un pont entre dans le cadre de l'objet social.

17. Mentions obligatoires dans les statuts d'une société

Article 1835 C. civil : les apports de chaque associé, la forme, l'objet, l'appellation, le siège social, le capital social, la durée de la société, les modalités de son fonctionnement.

18. Définition de l'apport

Bien meuble ou immeuble, corporel ou incorporel, dont l'associé transfère la propriété ou la jouissance et en contrepartie duquel il reçoit des parts ou des actions.

19. Différence entre souscrire au capital et libérer le capital

- Souscrire au capital : s'engager à apporter un bien à la société.
- Libérer le capital : effectuer le transfert du bien du patrimoine personnel de l'associé au patrimoine de la société.

20. Caractériser les apports suivants

- Machine à éplucher les pommes de terre : apport en nature.
- Bibliothèque : apport en nature.

- Chèque de 1 000 € : apport en numéraire.
- Fonds de commerce : apport en nature.
- 10 louis d'or : apport en nature.
- Local : apport en nature, apport en usufruit.
- Ses compétences informatiques : apport en industrie.
- Des valeurs mobilières : apport en nature.
- L'usage d'un nom : apport en nature.

21. L'apport en industrie est possible ou interdit selon les sociétés

L'apport de ses connaissances, de son travail, est possible dans les sociétés à responsabilité illimitée : société civile, SNC, SCS pour les associés commandités, société en participation ; autorisé selon les modalités statutaires dans la SARL depuis la loi du 15.05.2001 ; interdit dans les sociétés par actions (SA, SCA, SAS).

22. Montant du capital

• *A* matériel :	20 × 100	= 2 000 €	100 parts de 20 €
• *B* numéraire :	2 000 €	2 000 €	100 parts de 20 €
	capital	4 000 €	

L'apport en industrie de *C* ne contribuera pas à la formation du capital mais il aura droit à 50 parts de 20 € et aux bénéfices en découlant. L'art. 1843-2 al. 2 C. civil prévoit que les apports en industrie ne concourent pas à la formation du capital social, mais donnent lieu à l'attribution de parts ouvrant droit au partage des bénéfices et de l'actif net à charge de contribuer aux pertes.

23. Avis de constitution

- *Mentions :* date de signature des statuts (15.08.2005), forme juridique (SCI), dénomination sociale (SCI du Delta), capital social (1 000 €), siège social (Pujaut), durée (99 ans), objet (achat et location d'immeubles bâtis ou non), modalité de cession des parts (agrément), identification du gérant (B. Chauvin, son domicile), lieu d'immatriculation (RCS Nîmes).
- *Moment de parution :* après enregistrement des statuts et avant les formalités d'immatriculation au Registre du commerce et des sociétés. L'avis est un des documents à fournir dans le dossier de constitution.

Cas pratiques

1 K 5

Il convient de vérifier la capacité juridique des futurs associés de la SARL :

- G, Guadeloupéen : un ressortissant de la Guadeloupe est un Français ; il peut être associé de la SARL qu'il soit mineur ou majeur.
- D, Danois : un étranger peut faire partie d'une SARL sans être titulaire d'une carte de commerçant étranger. Les membres de l'Union européenne sont dispensés de la détention de cette carte.

- V, Vénézuélien : l'étranger n'appartenant pas à l'Union européenne peut être associé dans la SARL sans détenir la carte de commerçant étranger.
- L'avocat : pas d'incompatibilité entre cette profession et la qualité d'associé d'une SARL.
- L'oncle commerçant : pas d'incompatibilité pour être associé. Il peut être gérant s'il n'a pas été prononcé contre lui un jugement d'interdiction de diriger ou de faillite personnelle après le dépôt de bilan de la société en nom collectif.
- La personne condamnée pour escroquerie : aucune interdiction ne limite l'accès à une SARL en qualité d'associé mais elle ne pourrait occuper un poste de dirigeant du fait de sa condamnation (décret-loi du 8.8.1935).

Conclusion : La SARL peut être constituée avec ces associés. Il faudra veiller au choix du gérant.

2 MST microbiologie

Présentation juridique du cas

Trois personnes physiques majeures décident d'être associées dans une SARL qu'elles vont constituer. Leurs apports sont des apports en numéraire, en nature, en industrie. Il s'agit de savoir si les conditions de fond du contrat de société sont remplies et de présenter les formalités et démarches à effectuer pour que la société existe.

Conditions de fond

Conditions de validité de tout contrat (art. 1108 du C. civ.)

- Consentement : il semble libre, non vicié.
- Capacité : ils sont majeurs donc capables.
- Objet : licite et moral : en l'espèce la fabrication et l'exploitation d'un produit aseptisant nécessite une autorisation de l'Administration de la santé.
- Cause : morale et licite : il semble que ce soit le cas.

Conditions relatives au contrat de société

De l'article 1832

- Apports : chaque associé en propose : Catherine envisage d'effectuer un apport en nature (instruments de laboratoire) et un apport en numéraire (1 000 €) ; Maxime apporte un immeuble (local) ; Gilbert veut faire un apport en industrie.
- Associés : 2 au minimum ; ils sont trois.
- Une entreprise commune : l'activité de la société exercée en commun (conception, vente de produit aseptisant).
- Participation aux bénéfices et contribution aux pertes : cette condition devra faire l'objet d'une clause de répartition dans les statuts.
- *Affectio societatis* : ils ont la volonté de collaborer sur un pied d'égalité.

Formalités, démarches

Avant la rédaction des statuts

- Choix de l'objet, de la forme, des associés, de la formation du capital (répartition), du siège social, nomination de la gérance.

- Évaluation des apports en nature : chaque apport en nature doit faire l'objet d'une évaluation dans les statuts (art. L. 223-9 C. com.). En principe, les associés la détermine en fonction d'un rapport établi par un commissaire aux apports.

  L'intervention du commissaire aux apports est obligatoire (art. L. 223-9 C. com.). Sauf :
  - si aucun des apports en nature n'a une valeur supérieure à 7 500 € ;
  - et si la valeur totale des apports en nature n'excède pas la moitié du capital social.

  Les futurs associés ne peuvent écarter le recours au commissaire aux apports car un apport dépasse 7 500 € (le local).
- État des actes accomplis pour le compte de la société en formation.
- Recherche auprès de l'INPI (Institut national de la propriété industrielle).

La rédaction des statuts et les formalités après signature

- Statuts (en plusieurs exemplaires), acte notarié (en cas d'apport d'immeuble), signature de tous les associés.
- Annexes éventuellles (rapport du commissaire aux apports, état des actes accomplis pour le compte de la société en formation).
- Enregistrement des statuts et des annexes auprès de l'administration fiscale.
- Publicité dans un journal d'annonces légales.
- Dépôt au CFE des statuts, de l'acte de nomination de(s) gérant(s), du rapport du commissaire aux apports, du certificat du dépôt des fonds, de l'état des actes accomplis pour le compte de la société en formation, de la demande d'immatriculation, de l'avis d'insertion au journal d'annonces légales pour transfert au RCS.
- Insertion au BODACC à la diligence du greffier du tribunal de commerce.

Après l'immatriculation, la société acquiert la personnalité morale.

BILAN DE CONSTITUTION

Actif		Passif	
Immobilisations (local)	20 000	Capital	23 000
Matériel	2 000		
Trésorerie	1 000		

3 Électro-Export

1. Contenu de la promesse de société

Identité des futurs associés, la promesse de créer une société, l'objet social (achat-vente de produits électroniques et électriques), la dénomination sociale (Électro-Export SA), le siège social (Paris), la durée (30 ans), les apports (en nature et en numéraire), leur évaluation, la composition du conseil d'administration (3 à 12 membres), la promesse d'engager un des associés (Robert) en qualité de directeur commercial par un contrat de travail, la durée de la promesse de société (3 mois).

2. Éléments du contrat de société

- *Associés :* 3 personnes physiques : Robert, Maltel, Termain et d'autres personnes qui viendront se joindre à eux car la SA doit comporter 7 actionnaires au moins.
- *Apports :*

– en nature : un fonds de commerce de vente de matériels électriques apporté par Robert (apport mixte), une usine de matériels électriques apportée par Maltel (apport mixte) ;

– en numéraire : 80 000 € seront apportés par Termain et Maltel.

- *Forme juridique de la société* : société anonyme.

3. Évaluation des apports en nature

Les apporteurs donnent une estimation de leur apport mais l'évaluation est obligatoirement réalisée par un commissaire aux apports dans une SA, désigné par le président du tribunal de commerce statutant sur requête de l'un des fondateurs. Ces derniers peuvent retenir une valeur différente de celle du commissaire aux apports, ils en seront alors responsables pendant 5 ans.

4. Portée juridique d'une promesse de société

Elle n'est pas le contrat de société, elle constitue une étape dans le processus de formation de la société définitive. Elle crée, à la charge de ceux qui la signent, une obligation de faire dans un certain délai (constituer la société dans le délai de 3 mois dans le cas). Son inexécution se résoudra en dommages-intérêts pour réparer le préjudice subi éventuellement du fait du défaut de constitution de la société. L'exécution forcée n'est pas possible car le contrat de société est basé sur la confiance. Rien ne sera dû si une faculté de rétractation existait dans la promesse de société.

2 Vie de la société : règles de fonctionnement

Tests

1. Attributs de la personnalité morale

Une société a une dénomination sociale, un siège social, une nationalité, un patrimoine distinct de celui de ses associés, une capacité et son corollaire : une responsabilité.

2. Capacité juridique d'une société

La société a la capacité de jouissance (aptitude à être titulaire de droits réels ou personnels). La société sera représentée par des personnes physiques pour bénéficier de sa capacité d'exercice.

3. Responsabilités d'une société

- *Civile* : contractuelle en cas d'inexécution ou de mauvaise exécution des contrats passés par la société ; délictuelle en cas de faute commise par la société du fait de son activité.
- *Pénale* : pour infractions commises pour le compte de la société par ses organes ou représentants.

4. Nom des représentants légaux

- SNC, SARL : gérant.
- SA : directeur général pour la SA avec conseil d'administration, président du directoire (PDD) dans la SA à directoire.
- SAS : président.

5. Pouvoirs des organes de gestion d'une société ; limites

Ils ont les pouvoirs les plus étendus pour agir en toute circonstance au nom de la société dans le cadre de l'objet social (et au-delà dans les sociétés à risque limité) vis-à-vis des tiers et dans l'intérêt social vis-à-vis des associés.

Limites : l'objet social, les lois et règlements, les statuts, les pouvoirs des autres organes de la société (assemblées d'associés, CA, CS...).

6. Cas de responsabilité des organes de gestion d'une société

- Faute de gestion.
- Violation des statuts.
- Infraction aux lois et règlements.

7. Responsabilité d'EDF

Un contrat d'abonnement lie EDF avec la société. EDF s'engage à fournir un courant électrique de qualité. Il y a inexécution de son contrat ayant causé un préjudice (fichiers informatiques endommagés) : il y a bien un dommage, une faute et un lien de causalité entre la faute et le dommage. La responsabilité civile contractuelle d'EDF pourra être engagée.

8. Condamnation de sociétés par le Conseil de la concurrence

Les entreprises ont commis le délit d'ententes illicites puisqu'elles faussent le jeu de la concurrence. Elles sont sanctionnées pénalement à verser à l'État des amendes pénales. Il s'agit de la responsabilité pénale des sociétés.

9. Responsabilité de la société de surveillance

Une société est responsable des fautes commises par ses préposés (responsabilité civile délictuelle) à condition qu'ils agissent dans le cadre de leurs fonctions.

Un employé chargé de surveiller n'est pas embauché pour voler ! Il s'est placé en dehors de ses fonctions. La Cour de cassation (23 juin 1988) déclare : « une société ne peut être tenue pour civilement responsable du vol commis par ses salariés dans les locaux dont ils étaient chargés d'assurer la surveillance, dès lors que ces derniers ont agi à des fins étrangères à leurs attributions, et même incompatibles avec elles, et qu'ils se sont ainsi placés hors des fonctions auxquelles ils étaient employés ».

Cas pratiques

1 Guedj

1. Responsabilité d'un contrat conclu pour le compte d'une société

Un contrat de crédit-bail a été passé entre la société de crédit-bail et la SARL, représentée par son gérant, M. Guedj.

Une société est responsable de l'inexécution ou de la mauvaise exécution des contrats qu'elle conclut.

Conditions de la responsabilité civile contractuelle

- Un contrat (crédit-bail).
- Une inexécution (échéances impayées).
- Un dommage (non-paiement).
- Un lien de causalité.

L'action sera intentée contre la SARL.

2. Problème de responsabilité d'une dette fiscale

Un redressement fiscal de 20 000 € a été infligé à la SARL. L'administration fiscale tente de poursuivre un des associés (l'oncle) du fait de sa solvabilité.

Deux problèmes se posent :
– la responsabilité fiscale des dirigeants d'une SARL ;
– la notion de dirigeant de fait (l'oncle serait-il dirigeant de fait ?).

L'art. 267 du Livre des procédures fiscales stipule que tous les dirigeants de droit ou de fait, salariés ou non, qui, par des manœuvres frauduleuses ou par l'inobservation grave et répétée des obligations fiscales, ont rendu impossible le recouvrement d'impositions quelconques et des pénalités dues par leur société, peuvent être condamnés personnellement au paiement de ces impositions et pénalités.

L'action en responsabilité ne pourra être engagée qu'après avoir mis vainement en demeure la société de payer.

- L'administration fiscale a bien mis la société en demeure de payer. Si sa demande se révèle infructueuse, elle peut donc envisager l'action contre l'oncle si elle arrive à démontrer qu'il dirige en fait la société.
- La notion de dirigeant de fait : c'est une personne qui assume en fait la gestion d'une société sous le couvert et au lieu et place de son représentant légal en toute souveraineté et indépendance.

  Dans le cas, M. Guedj est le dirigeant de droit ; l'oncle « l'aide et le conseille régulièrement dans la gestion ».

  La jurisprudence examinera le niveau d'activité de l'oncle pour déclarer s'il peut être considéré comme un dirigeant de fait.
- La preuve de manœuvres frauduleuses ou d'inobservation grave et répétée des obligations fiscales rendant impossible le recouvrement des impositions par le dirigeant devra être rapportée par l'administration fiscale.
- Si les conditions posées par l'article 266 LPF sont remplies, l'administration fiscale pourra saisir le patrimoine personnel de l'oncle.
- Si les conditions ne sont pas remplies, l'oncle ne sera pas responsable fiscalement ; le patrimoine du dirigeant de droit peut être saisi toujours sous les conditions de l'art. 266.
- Si l'administration fiscale n'arrive toujours pas à prouver la responsabilité du dirigeant, elle demeurera impayée. Elle pourra provoquer l'ouverture d'une procédure collective (redressement ou liquidation judiciaires) à l'encontre de la société.

3. Conditions de nomination d'un gérant de SARL

Le gérant d'une SARL doit être une personne physique choisie parmi les associés ou en dehors d'eux (art. L. 223-18 C. Com). Il n'existe pas de limite d'âge (sauf clause statutaire) mais il doit être capable, non frappé d'interdiction de gérer et d'administrer une société, non frappé d'incompatibilité.

Le fils, s'il remplit les conditions pourra valablement occuper les fonctions de gérant.

Concernant sa profession d'expert-comptable, l'interdiction pour un expert-comptable d'être gérant de sociétés autres que celles reconnues par l'ordre a été supprimée. Le risque d'incompatibilité n'existe donc pas.

Le gérant d'une SARL est nommé par les associés dans les statuts ou dans un acte postérieur (ce sera le cas ici puisque la société existe déjà) représentant plus de la moitié des parts sociales. Si la majorité requise n'est pas obtenue sur première consultation, il est possible depuis l'ordonnance du 25.03.2004 de procéder à une seconde consultation au cours de laquelle il est statué à la majorité des votes émis (art. L. 223-18 al. 2 C. Com et L. 223-29 C. Com. sur renvoi de l'art. L. 223-18 C. Com.).

Le gérant devra accepter ses fonctions de façon expresse (lettre ou signature sur le procès-verbal de nomination précédée de la mention « bon pour accord ») ou tacite (en exerçant les fonctions).

Il faudra enfin publier sa nomination par :

- l'insertion dans un journal d'annonces légales ;
- le dépôt au greffe de 2 copies de la délibération de nomination ;
- inscription au RCS ;
- insertion au BODACC à la diligence du greffier.

2 SARL Au beau livre

La SARL Au beau livre a été constituée par plusieurs associés dont 3 associés personnes physiques : Jean, Pierre et Jeanne. Pierre a été nommé gérant ; à ce titre il a passé plusieurs actes juridiques.

Pouvoirs du gérant

Pierre est le représentant légal de la SARL.

Vis-à-vis des associés

Dans le silence des statuts, le gérant peut faire tous actes de gestion dans l'intérêt de la société (art. L. 223-18 al. 4 C. com.).

Dans le cas soumis, il existe une limite statutaire à ses pouvoirs : tout engagement supérieur à 10 000 € nécessite l'accord des associés.

Vis-à-vis des tiers

Dans les rapports avec les tiers, le gérant est investi des pouvoirs les plus étendus pour agir en toute circonstance du nom de la société, sous réserve des pouvoirs que la loi attribue expressément aux associés. La société est engagée même par les actes du gérant qui ne relèvent pas de l'objet social, à moins qu'elle ne prouve que le tiers savait que l'acte dépassait cet objet ou qu'il ne pouvait l'ignorer compte tenu des circonstances, étant exclu que la seule publication des statuts suffise à constituer cette preuve (art. L. 223-18 al. 5 C. com.).

Les clauses statutaires limitant les pouvoirs du gérant sont inopposables aux tiers (art. L. 223-18 al. 6 C. com.).

Validité des actes et conséquences

L'objet de la société est « toute activité d'imprimerie, d'édition et de diffusion de livres ».

Une clause statutaire interdit au gérant de prendre un engagement dépassant 10 000 € sans l'accord des associés.

L'achat d'un terrain en Andalousie d'un montant de 9 500 €

L'engagement ne dépasse pas 10 000 €, Jean a respecté la limite statutaire :

- vis-à-vis des tiers : la société est engagée même par les actes du gérant qui ne relèvent pas de l'objet social (art. L. 223-18 al. 5 C. com.) ;

– vis-à-vis de la société : le gérant doit agir dans l'intérêt social. L'achat de ce terrain, s'il correspond à l'intérêt social n'entraînera pas la responsabilité du gérant. Dans le cas contraire sa responsabilité civile pour faute de gestion (art. L. 223-22 C. com.) peut être engagée.

L'acquisition de l'exclusivité d'une œuvre pour 30 000 €

Ce contrat entre dans l'objet social puisque l'ouvrage sera édité par la société dont l'activité est l'édition. Mais son montant dépasse 10 000 €, il nécessitait l'autorisation préalable des associés :

– vis-à-vis des tiers : les clauses statutaires limitant les pouvoirs du gérant sont inopposables au tiers (art. L. 223-18 al. 6 C. com.). La société est engagée par ce contrat ;
– vis-à-vis de la société : le gérant est responsable envers la société des violations de statuts (art. L. 223-22 al. 1 C. com.). Il engage sa responsabilité civile si le contrat se révèle préjudiciable pour la société (s'agissant d'un auteur à succès, il est peu probable que le contrat soit préjudiciable pour la société).

La caution donnée par le gérant au profit d'un associé personne physique (Jeanne)

À peine de nullité, il est interdit aux associés autres que les personnes morales de faire cautionner par leur société leurs engagements envers les tiers (art. L. 223-21 al. 1 C. com.) (convention interdite).

Jeanne a effectué un emprunt immobilier auprès de sa banque et la société dans laquelle elle est associée, par l'intermédiaire de Pierre, a cautionné cet emprunt :

– vis-à-vis des tiers : le cautionnement est nul, la société n'est donc pas engagée vis-à-vis de la banque de Jeanne ;
– vis-à-vis de la société : le gérant est responsable des infractions aux dispositions législatives ou réglementaires applicables aux sociétés à responsabilité limitée (art. L. 223-22 al. 1 C. com.).

Jeanne peut être poursuivie pour délit d'abus de crédit.

L'augmentation de capital par incorporation des réserves

Les modifications statutaires sont décidées par les associés représentant au moins les trois quarts des parts sociales (pour les SARL constituées avant le 03.08.2005), deux tiers (pour les sociétés constituées après le 03.08.2005 et celles qui ont décidé d'appliquer les nouvelles règles de majorité des décisions extraordinaires). Toute clause exigeant une majorité plus élevée est réputée non écrite (art. L. 223-30 al. 2 C. com.).

Par dérogation, la décision d'augmenter le capital par incorporation de réserves est prise par les associés représentant au moins la moitié des parts sociales (art. L. 223-30 al. 3 C. com.).

La décision prise par le gérant est nulle. Il engage sa responsabilité civile pour violation de la loi (art. L. 223-22 al. 1 C. com.) et il peut être révoqué pour juste motif par les associés (art. L. 223-25 al. 1 C. com.).

3 Fin de la société : règles de dissolution

Tests

1. Cas de dissolution de toute société quelle que soit sa forme juridique (article 1844-7 du Code civil)

- Arrivée du terme.
- Réalisation, extinction de l'objet social.
- Annulation du contrat de société.
- Dissolution anticipée décidée par les associés.
- Dissolution anticipée prononcée par le tribunal à la demande d'un associé pour justes motifs, notamment en cas d'inexécution de ses obligations par un associé, ou de mésentente entre associés paralysant le fonctionnement de la société.
- Dissolution judiciaire pour réunion de toutes les parts sociales en une seule main (article 1844-5 du Code civil).
- Dissolution pour une cause prévue dans les statuts.
- Jugement ordonnant la liquidation judiciaire ou la cession totale des actifs de la société.

On peut ajouter la dissolution, sanction pénale, depuis la reconnaissance de la responsabilité pénale des sociétés.

2. Dissolution de la société anonyme

Le cas que peuvent invoquer les associés minoritaires est celui d'une dissolution anticipée pour justes motifs. Le juste motif à démontrer ici sera la mésentente entre associés à condition qu'elle entraîne la paralysie de la société. Leur faible détention de capital ne leur permet pas de paralyser le fonctionnement de la société car ils ne disposent pas de la majorité du capital (ils détiennent seulement 40 % du capital).

3. SCI Les Parasols

Cause de dissolution : la réalisation de l'objet social quand le lotissement sera achevé et commercialisé.

4. Conséquences de l'annulation d'un contrat de société

- Art. 1844-15 C. Civ. : lorsque la nullité de la société est prononcée, elle met fin, sans rétroactivité, à l'exécution du contrat. À l'égard de la personne morale qui a pu prendre naissance, elle produit les effets d'une dissolution prononcée en justice.
- Art. 1844-16 C. civ. : ni la société ni les associés ne peuvent se prévaloir d'une nullité à l'égard des tiers de bonne foi. Cependant, la nullité résultant de l'incapacité ou de l'un des vices du consentement est opposable même aux tiers par l'incapable et ses représentants légaux, ou par l'associé dont le consentement a été surpris par erreur, dol ou violence.
- Art. 1844-17 C. civ. : l'action en responsabilité fondée sur l'annulation de la société ou des actes de délibérations postérieurs à la constitution se prescrit par 3 ans à compter du jour où la décision d'annulation est passée en force de chose jugée.

  La disparition de la cause de nullité ne met pas d'obstacle à l'exercice de l'action en dommages-intérêts tendant à la réparation du préjudice causé par le vice dont la société, l'acte ou la délibération était entaché. Cette action se prescrit par 3 ans à compter du jour où la nullité a été couverte.

5. Majorité requise pour la dissolution anticipée d'une société

Majorité requise pour les décisions extraordinaires ; exemples : 3/4 ou 2/3 dans une SARL (selon sa date de constitution, avant ou après le 03.08.2005), 2/3 dans la société anonyme).

6. Régularisation

Les nullités du contrat de société, des actes et délibérations peuvent être couvertes (régularisées) sauf celle fondée sur l'illicéité de l'objet social. Il suffira par exemple que l'associé détenant toutes les parts sociales (donc en une seule main) en cède une partie ; ainsi le nombre d'associés sera à nouveau de 2, minimum prévu par le contrat de société (art. 1832 C. civ.).

Effets de la régularisation : l'action en nullité devient irrecevable car la cause de nullité a disparu du fait de la régularisation. Elle ne met cependant pas obstacle à une action en dommages et intérêts.

7. Jugement ordonnant la liquidation judiciaire d'une société

Il est une cause de dissolution selon l'article 1844-7 7° du Code civil.

8. Formalités de publicité de la dissolution :

- Insertion dans un journal d'annonces légales.
- Dépôt au greffe des procès-verbaux décidant la dissolution.
- Inscription modificative au registre du commerce et des sociétés.

- Insertion au BODACC.
- Mention « société en liquidation » à côté de la dénomination sociale sur les documents de la société à destination des tiers.

9. Différence dissolution-liquidation :

La décision de dissolution met un terme à la société (arrêt de mort de la société), elle ouvre la période de liquidation qui est la mise en œuvre de cette décision. La personnalité morale de la société est maintenue pour les besoins de la liquidation et subsiste jusqu'à la clôture de celle-ci.

Cas pratiques

1 Cas La Capitale

1. Cause de la liquidation

Dissolution anticipée décidée par les associés. Type de liquidation : liquidation amiable.

2. Décisions prises et vérification de leur légalité

- Décision de dissolution par une assemblée générale extraordinaire : le quorum (1/3) et la majorité (2/3) ont été respectés.
- Décision de nomination du liquidateur et fixation de sa rémunération à la majorité AGO (ici à l'unanimité).
- Décision modifiant le siège social de la SA par AGE, ce qui est légal.
- Décision donnant mandat au liquidateur d'effectuer les formalités de publicité de la dissolution par un vote AGO (ici à l'unanimité).

3. Liquidateur

M. Roulet, actionnaire et ancien PDG de la SA La Capitale. Le liquidateur peut être un associé, un ancien dirigeant ou un tiers. Dans le cas, c'est l'ancien PDG qui perd son mandat de PDG et devient liquidateur. La durée de son mandat a été fixée pour la durée de sa liquidation. Il convient d'appliquer la loi : 3 ans maximum renouvelable sur demande justifiée du liquidateur.

Rôle du liquidateur : il dresse l'inventaire, recouvre les créances, réalise l'actif, paie les créanciers de la société, prend les mesures conservatoires, continue les affaires en cours sur autorisation de l'assemblée pour les besoins de la liquidation. Il établit les comptes annuels, l'inventaire et le rapport sur les opérations de liquidation au cours de l'exercice écoulé. Il devra convoquer l'AG de clôture de liquidation et effectuer les formalités de publicité en vue de la radiation de la société en RCS.

4. Formalités de publicité

Le liquidateur devra effectuer :

– la publicité de la dissolution par une insertion de l'avis de dissolution dans un JAL, le dépôt au greffe du PV de dissolution, l'inscription au RCS et une insertion au BODACC à la diligence du greffier. Il devra faire suivre la dénomination sociale de la SA La Capitale de la mention « société en liquidation » ;

– la publicité de sa nomination.

2 Bell

Cas de dissolution : dissolution anticipée décidée par les associés (dissolution volontaire) (art. 1844-7-4° du C. civ.).

L'art. L. 237-6 C. Com. (règle impérative pour toute liquidation) précise que la nomination du liquidateur doit être publiée par celui-ci. Donc il faut en nommer un, ce qui n'a pas été fait dans la société Bell.

M. Leca n'est pas le liquidateur, il n'a donc pas de pouvoir vis-à-vis des créanciers de la société. Il n'a pas la qualité pour agir. C'est en effet le liquidateur qui doit recouvrer les créances auprès des clients débiteurs et non les associés individuellement. Le tribunal déboutera Monsieur Leca de sa demande de paiement.

3 Parures

1. Comparaison des deux avis

Similitudes	Divergences
De fond : • concerne la dissolution de société ; • un liquidateur est chargé de réaliser les opérations de liquidation ; • maintien de la personnalité morale pendant la durée des opérations de liquidation.	***De fond :*** • cause de dissolution : dissolution anticipée ; • les avis se situent à des étapes différentes : – décision de dissolution, – clôture de la liquidation ; • ouverture des opérations de liquidation dans le premier avis ; • on constate la fin des opérations de liquidation, la société va disparaître après publication de la clôture de la liquidation dans le deuxième avis.
De forme : • la publication d'un avis dans un journal d'annonces légales est obligatoire pour informer les tiers ; • les décisions sont prises par une assemblée générale extraordinaire ; • dépôt au greffe du tribunal de commerce du procès-verbal des décisions.	***De forme :*** • objet : il s'agit d'un avis de dissolution dans le premier avis ; • objet : il s'agit d'un avis de clôture de liquidation dans le second avis.

2. Rôle et responsabilité du liquidateur

Rôle

Selon l'article L. 237-24 C. com. : « Le liquidateur représente la société. Il est investi des pouvoirs les plus étendus pour réaliser l'actif. Les restrictions à ces pouvoirs, résultant des statuts ou de l'acte de nomination ne sont pas opposables aux tiers.

Il est habilité à payer les créanciers et à répartir le solde disponible. Il ne peut continuer les affaires en cours ou en engager de nouvelles pour les besoins de la liquidation que s'il y a été autorisé, soit par les associés, soit par décision de justice s'il a été nommé par la même voie. »

Responsabilité

Selon l'article L. 237-12 C. com. : « Le liquidateur est responsable, à l'égard tant de la société que des tiers, des conséquences dommageables des fautes par lui commises dans l'exercice de ses fonctions.

L'action en responsabilité contre les liquidateurs se prescrit dans les conditions de l'article L. 225-254 C. com. » (3 ans ou 10 ans si le fait est qualifié de crime à compter du fait dommageable ou, s'il a été dissimulé, de sa révélation).

4 Les sociétés non immatriculées

Tests

1. Différence société en formation – société créée de fait

Une société en formation existe en vue de l'acquisition de la personnalité morale.

Une société créée de fait existe à partir de l'accord contractuel des associés qui n'ont pas conscience d'avoir conclu un tel contrat et ne recherchent pas la personnalité morale.

2. Point de départ et fin de la société en formation

Point de départ de la société en formation : la manifestation de volonté des associés de créer une société (pourparlers, démarches, recherche de capitaux…).

Fin de la société en formation : immatriculation de la société au RCS.

3. Responsabilité des actes accomplis pour le compte d'une société en formation

Les personnes ayant agi pour le compte d'une société en formation sont indéfiniment et solidairement responsables si la société est commerciale, indéfiniment et conjointement si la société est civile. La société, une fois immatriculée, peut reprendre ces actes selon des modalités de reprise (se reporter au test n° 4).

4. Paiement du fournisseur et de l'avocat

Chaque associé est tenu par l'engagement pris avant l'immatriculation de la société :
– l'un devra payer le matériel,
– l'autre l'avocat.

Après immatriculation de la société au RCS et s'il y a eu reprise par la société, celle-ci deviendra responsable de ces actes et sera tenue de payer ces deux créanciers.

Rappel : Trois modalités de reprise sont possibles :

– un état des actes accomplis pour le compte de la société annexé aux statuts au moment de leur signature ;

– un mandat spécial donné à une personne de passer l'acte ;

– un vote des associés décidant la reprise après l'immatriculation de la société.

5. Définition et preuve de l'existence d'une société créée de fait

La société créée de fait est une situation dans laquelle deux ou plusieurs personnes se comportent comme des associés, sans avoir exprimé la volonté de former une société.
Elle se prouve par tous moyens que son objet soit civil ou commercial : aveu, témoignage, écrit.

6. Caractéristiques d'une société en participation

Société non immatriculée, sans personnalité morale, occulte ou révélée aux tiers (ostensible). Elle répond à toutes les conditions de fond d'un contrat de société mais elle n'est pas soumise à publicité : elle évite ainsi les formalités de constitution.

Elle peut être prouvée par tous moyens.

Le fonctionnement de la SEP est organisée par les associés. À défaut, les rapports entre associés sont régis par les dispositions applicables aux sociétés civiles si l'objet de la SEP est civil, par les dispositions applicables aux SNC si l'objet est commercial.

La responsabilité des associés est indéfinie et solidaire si l'objet de la société est commercial, indéfinie et conjointe si l'objet est civil.

La société n'ayant pas la personnalité morale, elle n'aura pas de patrimoine et ne pourra pas exercer ses droits : chaque associé traite en son nom personnel et est seul engagé à l'égard des tiers.

La société prend fin par l'arrivée du terme convenu par les associés. En cas de durée indéterminée, sa dissolution peut résulter à tout moment d'une notification adressée par l'un des associés à tous les autres pourvu que cette notification soit de bonne foi, et non faite à contre-temps.

Cas pratiques

1 Cas Renov

Règle : L. 210-6 C. com.

« Les personnes qui ont agi au nom d'une société en formation avant qu'elle ait acquis la jouissance de la personnalité morale sont tenues solidairement et indéfiniment responsables des actes ainsi accomplis, à moins que la société, après avoir été régulièrement constituée et immatriculée, ne reprenne les engagements souscrits. Ces engagements sont alors réputés avoir été souscrits dès l'origine par la société. »

L'article 26 du Dt 1967 pour la SARL envisage deux modalités de reprise et l'article 6 du Dt de 1978 envisage une troisième modalité de reprise :

- l'état des actes accomplis pour le compte de la société en formation présenté aux associés avant la signature des statuts ;
- le mandat spécial donné par les associés, dans les statuts ou par acte séparé, à une personne (associé ou gérant) qui a été désigné, de prendre des engagements pour le compte de la société ;
- la décision des associés prise à la majorité ordinaire, après immatriculation de la société au RCS.

Application

- *Modalité de reprise* : état des actes accomplis pour le compte de la société, annexé aux statuts.
- *Actes à reprendre* : un contrat de bail pour abriter le siège social de la société et un contrat de dépôt de fonds conclu avec une banque qui permettra à la société d'effectuer ses transactions bancaires. Ces actes sont bien déterminés et conclus pour le compte de la société en formation.
- *Conséquence de la reprise* : la société devient créancière et débitrice des droits et obligations nés des contrats conclus pour son compte depuis leur origine (le 13.03.2002), à dater de son immatriculation au RCS (ex : les loyers seront dus par la société, les sommes versées sur le compte bancaire sont la propriété de la société).
- *Date à laquelle la société deviendra responsable des actes accomplis* : à dater de son immatriculation au RCS.
- *Responsabilité au cas où la société n'est pas immatriculée* : les associés qui ont donné mandat à M. Laurent. Leur responsabilité est solidaire vis-à-vis des créanciers puisque la société est commerciale. Ainsi le créancier impayé pourra réclamer l'intégralité des sommes dues à l'un quelconque des associés qui devra payer (règle de la solidarité). Ce dernier se retournera contre ses co-associés pour leur réclamer leur contribution à la dette.

2 Mistral

Présentation juridique et problèmes juridiques :

Deux personnes physiques exploitent un fonds de commerce et vivent en concubinage notoire. Une séparation étant envisagée, la femme, Madame Mistral, vous consulte afin de connaître la nature du contrat les liant et ses conséquences juridiques pour elle. Elle pense créer une personne morale, l'EURL ; nous devons la conseiller sur le choix de la forme juridique et les conditions de constitution d'une telle société.

1. Existence d'une société en l'absence de tout contrat écrit

- *La règle :* L'article 1835 du Code civil exige des statuts écrits, formalisme imposé par le législateur pour protéger les tiers et les associés. Ils matérialisent la volonté des parties et leur engagement par leur signature.

  Le cas : Pas d'écrit ; néanmoins, y-a-t-il société ?
- *La règle :* Si les conditions de l'article 1832 du Code civil sont remplies, il y a société créée de fait (société prévue dans l'art. 1873 C. civ.).

La société créée de fait résulte du comportement de personnes qui, sans en avoir pleinement conscience, se traitent entre elles et agissent à l'égard des tiers comme de véritables associés.

Le cas : La situation des concubins est souvent interprétée comme une situation sociétaire quand ils exploitent en commun un fonds de commerce à condition que les éléments du contrat de société soient présents.

- *La règle :* L'article 1871 (auquel renvoie l'article 1873) du Code civil prévoit que le régime de la société créée de fait est identique à celui d'une société en participation à savoir :
  - preuve de la société par tous moyens ;
  - la société n'a pas la personnalité morale, non soumise à publicité ;
  - la responsabilité des associés est indéfinie et conjointe (si la société est civile) ou solidaire (si la société est commerciale) ;
  - chaque associé reste propriétaire de son apport ;
  - répartition des bénéfices et des pertes (principe : proportionnellement aux apports).
- *Le cas :* Si les conditions de fond de tout contrat de société sont remplies, on pourra dire que même en l'absence des formalités de constitution (la rédaction d'un écrit), il y a un contrat de société. Dans la pratique c'est lorsque les « associés » ont un différend que l'un d'eux veut faire reconnaître qu'il y a un contrat de société pour obtenir sa liquidation et donc le partage de l'actif.

2. Nature du contrat existant entre les concubins

- *Les règles :* Il faut vérifier l'existence des conditions contenues :
  - dans l'article 1108 du C. civ. : consentement réel, non vicié ; capacité des parties contractantes ; objet licite, moral ; cause licite, morale.
  - dans l'article 1832 du C. civ. : des associés, des apports, une entreprise commune, le partage des bénéfices (ou des économies), l'*affectio societatis*, la contribution aux pertes.
- *Le cas :*

Article 1108 :
- consentement : condition remplie (situation voulue au départ) ;
- capacité : condition remplie (2 majeurs supposés) ;
- cause licite, morale : condition remplie (recherche de bénéfices) ;
- objet licite, moral : condition remplie (exploitation d'un fonds de commerce d'épicerie).

Article 1832 :
- deux associés : condition remplie (2 personnes physiques : les concubins);
- des apports : condition remplie (un apport en nature de M. Duroc : un fonds de commerce ; un apport en industrie de Mme Mistral : son travail) ;
- entreprise commune : condition remplie (exploitation en commun d'un fonds de commerce) ;
- partage des bénéfices : condition remplie (exploitation : source de revenus des concubins) ;
- contribution aux pertes : on peut la supposer du fait de leur vie commune mais la jurisprudence veut qu'elle soit voulue expressément par les associés (Cass. com. 1981-1992) ;
- *affectio societatis :* volonté de collaborer sur un pied d'égalité de la part des associés :
  - il y a collaboration au début, moins ensuite ;

- pied d'égalité : madame Mistral ne se comporte pas comme une salariée aux ordres : elle a un pouvoir de décision (commandes aux fournisseurs, tenue de la caisse, surveillance des livraisons, ouverture du magasin) ; monsieur Duroc par son attitude autoritaire (il donne des ordres) se comporte en employeur.

Conclusion :
On peut hésiter entre le contrat de travail et le contrat de société mais avec une préférence pour le contrat de société car l'attitude « employeur » du concubin est plutôt liée à la dégradation de la situation sentimentale du couple. On peut imaginer que l'*affectio societatis* existait depuis 1980. Il n'a cessé d'exister que depuis quelques mois. On peut penser que la jurisprudence concluera à un contrat de société (si la contribution aux pertes est prouvée) car c'est à la conclusion du contrat que l'on apprécie l'existence des conditions.

3 SEP par échange de lettres

1. Vérification de l'existence du contrat de société

- *Éléments résultant de l'art. 1108* : consentement (lettres signées par les deux associés prouvent leur volonté de contracter) ; capacité (à vérifier) ; objet licite (projet de construction d'un immeuble) ; cause morale (raison de l'engagement : la recherche d'un profit tiré de l'opération immobilière est licite et morale).
- *Éléments résultant de l'art. 1832* : deux associés minimum (ils sont deux personnes physiques) ; des apports (un apport numéraire : un chèque de 1 330 000 F et un apport en industrie : construction d'un immeuble) ; entreprise commune (réalisation d'un projet immobilier) ; partage des bénéfices entre associés : 65 % pour l'un, 35 % pour l'autre) ; contribution aux pertes (50 % pour chaque associé limité au montant de l'apport pour l'apporteur en numéraire) ; l'*affectio societatis* (les associés manifestent leur volonté de collaborer sur un pied d'égalité).

2. Limites de la constitution

Il s'agit d'une société en participation occulte puisque l'apporteur n° 1 ne veut pas être connu des tiers et que l'apporteur n° 2 accepte. Les tiers pourront se retourner seulement contre le second qui va contracter en son nom personnel.

La durée de la société est limitée à la durée de l'opération dont la date au plus tard est fixée. Seul un accord commun pourra la proroger.

L'apporteur n° 1 apporte du numéraire, l'apporteur n° 2 son industrie (son travail). La contribution aux pertes de l'apporteur n° 1 est limité à son apport.

3. Rémunération de l'apporteur en numéraire

Il aura droit sur les produits nets de l'opération au remboursement de son apport et à un pourcentage sur le surplus.

■ Partie 2

Étude approfondie des sociétés

5 La SNC

Tests

1. Les associés, au minimum deux, doivent avoir la capacité commerciale (on l'obtient en atteignant la majorité légale) ; les apports peuvent se faire en numéraire, en nature ou en industrie. Il n'y a pas de capital minimum.

2. Deux époux, seuls ou avec des tiers, peuvent être associés dans une SNC.

   Pour le fils, l'exercice du commerce est interdit à tous les mineurs qu'ils soient ou non émancipés. Donc il ne pourra être associé dans la SNC avec ses parents.

3. Selon l'article L. 221-1 C. com., les associés en nom collectif répondent indéfiniment et solidairement des dettes sociales.

   Les créanciers de la société ne peuvent poursuivre le paiement des dettes sociales contre un associé qu'après avoir vainement mis en demeure la société par acte extrajudiciaire (ex : LR avec AR).

   La responsabilité indéfinie et solidaire des associés signifie que les créanciers sociaux impayés peuvent poursuivre un associé et lui réclamer le paiement complet de la dette. Après paiement, l'associé se retournera contre les autres pour leur réclamer le remboursement de leur contribution au passif social au prorata de leur participation au capital.

4. Tous les associés sont gérants, sauf stipulation contraire des statuts qui peuvent désigner un ou plusieurs gérants, associés ou non, ou en prévoir la désignation par un acte ultérieur.

   Le(s) gérant(s) peuvent être des personnes physiques ou morales (art. L. 221-3 C. com).

   Si le gérant est associé, la Cour de cassation a décidé que cette qualité est incompatible avec celle de salarié (Cass. 1974). Il ne peut pas cumuler son mandat de gérant avec un contrat de travail.

   Si le gérant n'est pas associé, aucune disposition n'interdit au gérant de cumuler ses fonctions avec un contrat de travail si l'intéressé occupe un emploi effectif et se trouve, pour l'exercice de ses fonctions salariées, dans un état de subordination à l'égard de la société, que ses fonctions salariales soient distinctes de son activité de gérant.

5. Les décisions qui excèdent les pouvoirs des gérants, sont prises à l'unanimité des associés. Toutefois les statuts peuvent prévoir que certaines décisions sont prises à une majorité qu'ils fixent (art. L. 221-6 al. 1 C. com.).

Modalités de prise de décisions :
- en assemblée ;
- consultation par correspondance si les statuts l'ont prévu et si la réunion d'une assemblée n'est pas demandée par l'un des associés (art. L. 221-6 al. 2 C. com.) ;
- consultation dans un acte sous seing privé ou notarié signé par tous les associés.

6. Modalités de révocation

Statut du gérant	Modalités de révocation
• Gérant associé statutaire	unanimité des autres associés
• Gérant associé non statutaire	conditions prévues par les statuts ou, à défaut, par une décision des autres associés à l'unanimité
• Gérant non associé	conditions prévues par les statuts ou, à défaut, par une décision des associés prise à la majorité

Malgré le silence de la loi, les auteurs pensent que la révocation judiciaire du gérant est possible, à la demande d'un associé.

Si la révocation est décidée sans juste motif, elle peut donner lieu à dommages-intérêts (art. 18 L. 66).

7. Cas spécifiques de dissolution d'une SNC :
- décès d'un associé (art. L. 221-15 C. com.) (mais clause de continuation possible, décision ou vote des autres associés à l'unanimité) ;
- jugement de liquidation judiciaire ou arrêtant un plan de cession totale, une mesure d'interdiction d'exercer une profession commerciale ou une mesure d'incapacité prononcée à l'égard d'un associé (art. L. 221-16 C. com.) (clause de continuation ou vote de poursuite de l'activité possible) ;
- révocation d'un gérant associé statutaire (art. L. 221-12 C. com.).

Cas pratiques

1 Dom

Les associés d'une SNC répondent indéfiniment et solidairement des dettes sociales (art. L. 221-2 al. 1 C. com.).

Le créancier de la SNC ne peut poursuivre les associés qu'après avoir vainement mis en demeure la société par acte extra-judiciaire (art. L. 221-1 al. 2 C. com).

Si dans les 8 jours qui suivent la mise en demeure la société n'a pas payé, le créancier peut engager des poursuites contre un des associés (celui qui paraît le plus solvable) afin de saisir ses biens personnels pour obtenir le remboursement intégral des 20 000 € (il sera poursuivi pour le tout car la responsabilité des associés d'une SNC est indéfinie et solidaire).

L'associé qui vous aura payé se retournera contre ses coassociés. Il leur réclamera à chacun, leur quote-part de dettes.

2 Milco

Révocation d'un gérant associé statutaire

Selon l'article L. 221-12 alinéa 1 du C. com., la révocation d'un gérant associé statutaire ne peut être décidée qu'à l'unanimité des autres associés.

Si donc tous les autres associés sont d'accord pour le révoquer cela sera possible. Le gérant révoqué peut imposer le remboursement de ses droits sociaux.

Cependant, la révocation du gérant associé statutaire entraîne la dissolution de la société (art. L. 221-12 al. 1 C. com.). Pour l'éviter, les autres associés peuvent décider à l'unanimité sa continuation. Celle-ci peut avoir été prévue par les statuts.

D'autre part la révocation d'un gérant de SNC décidée sans juste motif peut donner lieu à dommages et intérêts (art. L. 221-12 al. 4 C. com.). Dans ce cas, il est fort peu probable que le motif de révocation soit considéré comme juste car la mésentente entre associés n'entraîne pas la paralysie de la société et l'investissement projeté semble relever du pouvoir du gérant qui agit dans l'intérêt social.

Le décès d'un associé

Du fait du caractère très personnalisé de la SNC, l'article L. 221-15 C. com. prévoit que le décès d'un associé met fin à la société sauf clause contraire des statuts.

La continuation de la société peut se réaliser :
- soit entre les seuls associés survivants ;
- soit avec les héritiers, le conjoint survivant ou des tiers ;
- soit avec les héritiers mineurs, en la transformant en société en commandite simple dont les enfants mineurs seront les associés commanditaires (leur responsabilité sera ainsi limitée à leur apport).

Il faudra donc rechercher dans les statuts si une clause de continuation de la société existe. Dans la négative, la société sera dissoute de plein droit ouvrant la période de liquidation. Il est donc judicieux de prévoir cette clause dans les statuts d'une SNC.

3 Axe

À défaut de disposition statutaire contraire, la révocation d'un gérant associé de SNC ne peut être décidée que par une décision des autres associés prise à l'unanimité (art. L. 221-12 al. 2 C. com.).

Lorsque la SNC est composée de 2 associés (cas d'espèce) l'article L. 221-12 n'est pas applicable puisqu'il use du pluriel « les autres associés » et emploie le terme d'« unanimité ».

La possibilité de révocation d'un gérant associé par l'autre associé est exclue quand le capital n'est détenu que par deux personnes (cour d'appel Paris, 12.09.1995).

La seule issue à une telle paralysie est le recours à une demande de révocation en justice par un associé pour cause légitime (opinion Memento Lefebvre, *Sociétés commerciales*, n° 3843).

6 Les SARL pluripersonnelle et unipersonnelle

Tests sur la SARL pluripersonnelle

1. Types d'apports autorisés dans une SARL

Les apports en nature, en numéraire. Les parts sociales qui représentent des apports en numéraire peuvent n'être libérées que d'un cinquième de leur montant, le surplus intervient en une ou plusieurs fois sur décision du gérant, dans un délai qui ne peut excéder cinq ans à compter de l'immatriculation au RCS. L'apport en industrie est autorisé selon les modalités fixées par les statuts (art. L. 237-7 al. 2 modifié C. com).

2. Évaluation des apports en nature

Les apports en nature sont évalués dans les statuts au vu d'un rapport d'un commissaire aux apports, nommé à l'unanimité par les associés ou par le président du tribunal de commerce, à la demande d'un associé.

Exceptionnellement, les associés peuvent décider, à l'unanimité, que le recours au commissaire aux apports ne sera pas obligatoire lorsque :

- la valeur d'aucun apport en nature n'excède 7 500 € ;
- et que la valeur totale de l'ensemble des apports en nature n'excède pas la moitié du capital (art. L. 223-9 al. 2 L. C. com.).

3. Création d'une SARL entre époux

Par principe, l'apport en industrie est autorisé dans la SARL selon les modalités fixées par les statuts.

L'apport en industrie d'un époux est donc possible.

4. Statuts de la SARL K7 video

(Voir corrigé page suivante.)

5. Modalités de nomination d'un gérant de SARL

Le gérant peut être nommé lors de la constitution de la société, par les statuts ou par acte séparé par les associés.

Au cours de la vie sociale, il est nommé par décision d'un ou plusieurs associés représentant plus de la moitié des parts sociales ou à la majorité des votes émis sur 2e consultation (sauf si les statuts écartent cette seconde consultation).

Rappels : le gérant doit être obligatoirement une personne physique. Sa nomination doit être publiée pour être opposable aux tiers.

6. Gérance de SARL

SARL avec 3 associés

Seules les personnes physiques peuvent assurer les fonctions de gérants dans une SARL (art. L. 223-18 al. 1 C. com.). Donc seuls M. Guer ou Mme Guer pourront l'être tous les deux (gérance collégiale), ou l'un deux seulement pourvu qu'ils ne soient pas majeurs incapables (en tutelle ou en curatelle) ni frappés d'incompatibilités ou d'interdictions. La personne morale, la SA Tur, ne peut être gérante de la SARL.

Le gérant

- Il a 17 ans : s'il est émancipé il peut être gérant ; s'il n'est pas émancipé non (débat AN 21.12.1977).
- Il a 45 ans ou 80 ans : aucune limite légale relative à l'âge du gérant n'est prévue, seule une clause statutaire peut la prévoir.
- Il est étranger : il peut être gérant s'il est muni d'une carte de commerçant étranger (le ressortissant de l'Union européenne ou le titulaire de carte de résident en est dispensé en principe).

7. Cumul des fonctions de gérant avec un contrat de travail

Le contrat de gérance est un contrat de mandat. La loi est muette sur ce point et la jurisprudence en déduit que rien n'interdit à un salarié de la société d'en devenir le gérant, ni au gérant associé de conclure avec la société qu'il dirige un contrat de travail.

Pour pouvoir cumuler son mandat avec un contrat de travail, la jurisprudence exige que 3 conditions soient remplies :

- le contrat de travail doit correspondre à un travail effectif et non pas fictif ;
- la distinction entre les fonctions de gérance et les fonctions techniques doit être nette ;
- l'intéressé doit être placé dans un état de subordination à l'égard de la société. Ce qui implique qu'il ne soit pas gérant associé majoritaire. La gérance est majoritaire quand le(s) gérant(s) (en cas de gérance collégiale) de droit ou de fait, leur conjoint et leurs enfants mineurs non émancipés possèdent ensemble plus de la moitié des parts sociales.

Dans le cas d'espèce, le gérant est associé, il faut connaître sa détention de capital. De plus il faut apprécier s'il y a nette distinction entre les fonctions de gérant et celles de direc-

CONSTITUTION D'UNE SOCIÉTÉ À RESPONSABILITÉ LIMITÉE
SARL

À titre d'indication, voici résumées les mentions obligatoires que devra comporter l'acte de constitution de votre Sarl (statut le plus usité par le créateur d'entreprise en France).

Préambule
Il est constitué entre :
M.me Catherine M.
M. Maxime T.
M. Gilbert L.
et toute autre personne qui acquerrait ultérieurement la qualité d'associé, une société à responsabilité limitée, qui sera régie par la loi n° 66-537 du 24 juillet 1966 modifiée, le décret du 23 mars 1967 et les présents statuts.

Article 1 :
La société a pour objet location de cassettes vidéo et de matériel audio-visuel ...
et, plus généralement, toute opération industrielle, commerciale ou financière, mobilière ou immobilière, pouvant se rattacher directement ou indirectement à l'objet social ou susceptible d'en faciliter l'extension ou le développement.

Article 2 :
Dénomination sociale ..K7 vidéo...
Sigle ...

Article 3 :
Siège social ...(local loué)...
...

Article 4 :
La durée de la société est fixée à 99 ans à compter de son immatriculation au registre du commerce et des sociétés. Elle est prorogeable dans les conditions fixées par la loi.

Article 5 :
Apports en numéraire :
M.me Catherine M. ... apporte ... 2 000 €
M. Gilbert L. ... apporte ... 2 000 €
M. Maxime T. ... apporte ... 4 000 €
soit un total de ..80 000 €, déposés au crédit du compte n° 5680 ouvert au nom de la société en formation, à la banque ...BNP...

Article 6 :
Le capital social est de ..8 000 €...
divisé en parts égales, d'une valeur nominale de 100 F chacune, entièrement souscrites et libérées réparties entre les associés, comme suit :
M.me C. M. 250 ... parts M. ... parts
M. G. L. 250 ... parts M. ... parts
M. M. T. 500 ... parts M. ... parts
Le capital pourra être augmenté ou réduit (sans jamais être inférieur au minimum légal) dans les conditions prévues par la loi.

Article 7 :
La société est administrée par un (ou plusieurs) gérant(s) personnes physiques choisi(s) parmi les associés ou en dehors d'eux. Il peut être statutaire ou désigné par un acte séparé, pour la durée de la société ou un nombre déterminé d'exercices. Sa rémunération fixée par décision prise par les associés représentant plus de la moitié des parts sociales.

Article 8 :
Les pouvoirs du gérant sont ceux qui déterminent la loi, tant à l'égard des tiers qu'à l'égard des associés. Les conventions entre le gérant et les associés et la société sont soumises aux prescriptions de la loi ; les emprunts ou constitution de garanties par la société en leur faveur sont interdits.

Article 9 :
Les assemblées d'associés sont tenues et délibèrent dans les conditions déterminées par la loi, selon les questions qui leur sont soumises.

Article 10 :
La transmission et la cession des parts entre associés aux conjoints, ascendants, descendants, ou à des tiers étrangers à la société, sont soumises aux prescription de la loi.

Article 11 :
L'exercice social commence le .1/01. et finit le ..31/12....
Par exception, le premier exercice sera clos le .31/12......
(année en cours)

Article 12 :
Les bénéfices réalisés par la société, constatés et approuvés à la clôture de chaque exercice, dans les conditions prévues par la loi, sont répartis entre les associés dans la proportion de leurs parts sociales, ainsi que le boni de liquidation, s'il en existe un, à la clôture de la liquidation de la société, après remboursement du montant nominal des parts.

Article 13 :
Les associés signataires déclarent accepter purement et simplement les actes passés au nom et pour le compte de la société avant la signature des présentes.

Article 14 :
Les formalités requises par la loi en vue de l'immatriculation de la société au registre du commerce et des sociétés sont effectuées par le gérant ou l'un quelconque des cogérants (en cas de pluralité de gérants).

Figurent en annexe des présentes, les pièces suivantes :

- ☒ État des actes accomplis pour le compte de la société en formation (le contrat de bail).
- ❑ Mandat donné à l'un des associés d'accomplir les actes pour le compte de la société avant l'immatriculation au registre du commerce et des sociétés.
- ❑ Autres (préciser lesquelles).

Fait à ...X... le (date du jour) 20.(année)
en autant d'exemplaires que requis par la loi
Lu et approuvé
M C. M. ... M ...
M G. L. ...
M. T.

Nota : Chaque associé paraphera chaque bas de page et signera à la fin en faisant précéder sa signature de «Lu et approuvé». Le ou les gérants porteront en outre : «Bon pour acceptation des fonctions de gérants». En cas de nomination d'un gérant non associé, celui-ci devra intervenir à l'acte et accepter ses fonctions.

teur technique. Sur ce point, plusieurs arrêts ont décidé que «dans une entreprise de dimension modeste, la séparation entre direction générale incombant au gérant et la direction technique confiée était purement artificielle» (Paris 18.06.87 – Soc. 21.07.81 – Paris 10.10.89).

Conclusion : la dualité de fonctions ne semble pas être remplie compte tenu de la taille de la SARL (10 personnes). Le cumul ne sera pas valable dans ce cas.

8. Gérance collégiale

Le nombre de gérants est librement fixé par les statuts (art. L. 223-18 al. 1 C. Com.). Lorsqu'ils sont plusieurs, on dit que la gérance est collégiale.

Pour apprécier le caractère majoritaire ou minoritaire de la gérance, on doit ajouter les parts détenues par chaque gérant (de droit et de fait), leur conjoint et enfants mineurs non émancipés. Ce caractère une fois déterminé précisera s'il y a un lien de subordination possible avec la société.

Dans le cas proposé, les deux gérants de droit ont 60 % du capital donc la gérance collégiale est majoritaire. Ni l'un ni l'autre ne pourront obtenir un contrat de travail avec la société, même s'ils remplissent les deux autres conditions nécessaires pour cumuler le contrat de gérance avec un contrat de travail (emploi effectif, fonctions distinctes).

9. Pouvoirs d'un gérant de SARL

- Vis-à-vis des associés, le gérant a les pouvoirs déterminés par les statuts. Dans le silence de ceux-ci, le gérant peut faire tous les actes de gestion dans l'intérêt de la société. Ses pouvoirs peuvent être limités par les statuts et par la loi.
- Vis-à-vis des tiers, le gérant est investi des pouvoirs les plus étendus pour agir en toute circonstance au nom de la société, sous réserve des pouvoirs que la loi attribue expressément aux associés. La société est engagée même par les actes du gérant qui ne relèvent pas de l'objet social, à moins qu'elle ne prouve que le tiers savait que l'acte dépassait cet objet ou qu'il ne pouvait l'ignorer, compte tenu des circonstances.

Gérant de fait

Dans une société quelle qu'elle soit, il y a des dirigeants de droit c'est-à-dire ceux qui ont été désignés par les organes compétents (gérants, administrateurs, président du conseil d'administration) et qui sont les représentants légaux de la société.

Mais il peut arriver que des personnes assument en fait la gestion de la société sous le couvert et aux lieu et place de ses représentants légaux : ce sont les gérants de fait.

Pourquoi des gérants de fait apparaissent :
- la défaillance d'un gérant de droit (maladie, incompétence) peut faire apparaître un associé qui prend le relais sans se soucier des formalités nécessaires (démission, révocation du gérant, formalités de publicité, nomination d'un nouveau gérant) ;
- un associé qui a la majorité du capital mais qui ne veut ou ne peut être dirigeant de droit (exemple : frappé d'une interdiction ou d'une incompatibilité), fait désigner comme gérant l'un de ses coassociés à qui il fait signer à l'avance une lettre de démission en blanc. En réalité, l'associé majoritaire est le véritable dirigeant de la société ; il sera qualifié de gérant de fait.

Donc le gérant de fait a la réalité du pouvoir dans la société sans en avoir le titre légal.

Ce sont les tribunaux qui qualifieront le gérant «de fait» à la suite de litiges.

Le gérant de fait comme le gérant s'expose à des sanctions civiles et pénales.

10. Tableau de compétences et majorités

Décisions	Organe de décision	Majorité requise
• Révocation d'un gérant associé	AGO	plus de la 1/2 des parts sociales ou majorité des votes émis sur 2e consultation
• Transformation de la SARL en société civile	AGE	unanimité
• Convention réglementée	AGO	plus de la moitié des parts sociales sur 1re convocation ;
• Nomination d'un liquidateur amiable	AGO	majorité des votes émis sur 2e consultation
• Contrat de travail d'un comptable	Gérant	aucune
• Dissolution anticipée de la société	AGE	3/4 des parts sociales ou 2/3 selon la date de constitution de la SARL
• Nomination d'un expert de gestion	Tribunal de commerce	aucune
• Dissolution en cas de mésentente entre associés	Tribunal de commerce	aucune aucune
• Convocation d'une AGO	Gérant	aucune
• Fixation de l'ordre du jour	Gérant	aucune
• Approbation des comptes, affectation des résultats	AGO	majorité des parts sociales (absolue ou relative)
• Augmentation de capital	AGE	3/4 ou 2/3 des parts sociales (1)
• Cession de parts sociales à un tiers	AGE	majorité des associés représentant au moins la moitié des parts sociales
• Nomination d'un commissaire aux comptes	AGO	plus de la moitié des parts sociales ou majorité des votes émis sur 2e consultation

(1) Au moins la moitié des parts sociales en cas d'augmentation de capital par incorporation de réserves.

11. Responsabilités encourues par un gérant de SARL

- Responsabilité civile en cas de faute de gestion, violation des statuts, infraction aux lois et règlements.
- Responsabilité pénale en cas d'infraction à la législation pénale du droit des sociétés concernant la SARL et d'infractions au Code pénal.
- Responsabilité fiscale en cas d'infraction aux dispositions prévues par le Livre des procédures fiscales.
- Responsabilité sociale en cas d'infraction au Code de la sécurité sociale.

12. Actions en responsabilité possibles engagées par un associé à l'encontre d'un gérant

- L'associé qui a subi un préjudice personnel du fait de la gestion du gérant peut intenter une **action individuelle** en responsabilité : il devra rapporter la preuve du préjudice, une faute du gérant et le lien de causalité entre la faute et le dommage.
- L'associé peut engager l'**action sociale** pour le préjudice subi par la société :
  – seul et quelle que soit sa détention de capital : on parle d'action sociale *ut singuli* ;
  – avec d'autres associés, sous condition de représenter au moins 1/10e du capital social.

Délai de prescription des actions en responsabilité

L'action individuelle comme l'action sociale se prescrit dans le délai de 3 ans à compter du fait dommageable ou de sa révélation ; 10 ans si le fait est qualifié de crime.

13. Modalités de révocation d'un gérant de SARL

- Le gérant est révocable par décision des associés représentant plus de la moitié des parts sociales ou à la majorité des votes émis sur 2e consultation (sauf si les statuts écartent cette 2e consultation).
- Le gérant est révocable par le tribunal pour cause légitime, à la demande de tout associé.

14. Révocation injustifiée

La révocation d'un gérant est libre mais si elle est décidée sans juste motif, elle peut donner lieu à dommages-intérêts. Constituent de justes motifs de révocation les fautes de gestion, les infractions aux lois et règlements, les violations des statuts commises par le gérant. L'incompétence ne peut entrer dans aucun de ces cas. Cependant, la jurisprudence considère qu'elle est un juste motif de révocation tout comme la perte de confiance vis-à-vis du gérant. Le tribunal appréciera la preuve rapportée par les associés de l'incompétence, il allouera ou non des dommages-intérêts au gérant.

15. Modalités de consultation des associés d'une SARL

- En assemblée obligatoirement :
  - pour l'approbation des comptes annuels ;
  - lorsqu'elle est demandée par les associés : demande formulée par un ou plusieurs associés détenant la moitié des parts sociales, ou demande formulée par un ou plusieurs associés détenant le quart des parts sociales s'ils représentent au moins le quart des associés.
- Par consultation écrite :
  - si les statuts l'ont prévu ;
  - et en dehors des cas où l'assemblée est obligatoire.
- Par le consentement des associés exprimé dans un acte aux mêmes conditions que pour la consultation écrite.

16. Documents sociaux à disposition d'un associé avant l'assemblée générale annuelle et décisions à prendre

- *Documents sociaux à disposition de l'associé* : 15 jours avant la tenue de l'AG on doit adresser à l'associé le rapport de gestion, les comptes annuels et le texte des résolutions ; l'inventaire doit être tenu à sa disposition au siège social. Le rapport du CAC lui sera aussi communiqué, s'il existe.
- *Décisions à prendre au cours de l'AG annuelle* : approbation des comptes, affectation du résultat et toute autre résolution mise à l'ordre du jour.

17. Règles de majorité des décisions ordinaires et extraordinaires dans une SARL

- *Décisions ordinaires* : sur première consultation, décision d'un ou plusieurs associés représentant plus de la moitié des parts sociales (majorité dite « absolue ») ; sur seconde consultation, par décision des associés à la majorité des votes émis (majorité dite « relative »).
- *Décisions extraordinaires* : la loi du 02.08.2005 a instauré, pour les SARL constituées après le 03.08.2005, un quorum :
  - sur 1re convocation : au moins le quart des parts sociales ;
  - sur 2e convocation : le cinquième des parts sociales.

  Elle a également modifié la majorité.
- *Principe* : les décisions sont prises par les associés représentant au moins les trois quarts des parts sociales, ou les deux tiers (selon la date de constitution). Les statuts peuvent prévoir une majorité plus élevée sans pouvoir exiger l'unanimité. Les SARL constituées avant le 03.08.2005 peuvent décider, à l'unanimité, de se conformer à la nouvelle règle de majorité (2/3). Des règles de majorité différentes existent pour certaines décisions :
  - unanimité pour le changement de nationalité, le transfert du siège social, la transformation de la SARL en SNC, en société en commandite, en SAS ;

- la majorité en nombre d'associés et la majorité en parts (3/4) pour la cession des parts sociales à un tiers et en cas de nantissement des parts ;
- au moins la moitié des parts sociales pour décider d'une augmentation de capital par incorporation de bénéfices ou réserves ;
- la majorité des parts sociales pour décider la transformation de la SARL en SA lorsque les capitaux propres de la SARL figurant au dernier bilan excèdent 750 000 €.

• *La minorité de blocage* : un associé détenant 1/4 des parts sociales plus une part ou plus du tiers des parts peut empêcher (bloquer) le vote des décisions extraordinaires qui doivent être prises par les associés représentant au moins 3/4 des parts sociales ou 2/3 des parts sociales.

18. Présence obligatoire du commissaire aux comptes dans la SARL

Les associés devront désigner un commissaire aux comptes (à la majorité des décisions ordinaires) si, à la clôture d'un exercice, la SARL dépasse deux des trois seuils suivants :

- 1,55 millions d'€ au total du bilan ;
- 3,1 millions d'€ chiffres d'affaires hors taxes ;
- 50 salariés en moyenne sur l'exercice.

19. Droit d'alerte et droit à l'expertise de gestion d'un associé de SARL

• *Droit d'alerte* : tout associé non-gérant peut, deux fois par exercice, poser des questions écrites au gérant sur tout fait de nature à compromettre la continuité de l'exploitation. La réponse du gérant est obligatoire ; elle sera communiquée à l'associé et au commissaire aux comptes, s'il existe.

• *Droit à l'expertise de gestion* : un ou plusieurs associés, représentant au moins le dixième du capital social, peuvent, individuellement ou en se groupant, demander en justice la désignation d'un ou plusieurs experts de gestion chargés de présenter un rapport sur une ou plusieurs opérations de gestion. Ce rapport sera adressé à l'associé, au gérant et au CAC, s'il existe.

20. Convention réglementée

Il s'agit d'un contrat conclu entre une SARL et :

- un de ses associés ;
- son gérant ;
- une société dans laquelle un des associés est indéfiniment responsable, administrateur, directeur général, membre du directoire, membre du conseil de surveillance est simultanément gérant ou associé de la SARL ;
- toute personne interposée.

Ce contrat ne doit pas rentrer dans la catégorie des conventions libres.

21. Définition de la convention libre

Convention passée entre la SARL et une personne visée par les conventions réglementées portant sur une opération courante (effectuée par la société dans le cadre de son activité ordinaire) et conclue aux conditions normales (habituellement pratiquées par la société dans ses rapports avec les tiers).

22. Qualification du prêt d'une SARL à un de ses associés

La règle : selon l'art. L. 223-21 C. com., « à peine de nullité, il est interdit au gérant et aux associés autres que les personnes morales de contracter des emprunts auprès de leur société ».

Deux situations doivent être envisagées :
– *l'associé est une personne morale* : le prêt n'est pas une convention interdite, elle rentre dans la catégorie des conventions réglementées. Si on se situe dans un groupe de sociétés, cette convention pourra être libre selon les conditions du prêt (si elles sont normales) ;
– *l'associé est une personne physique* : la convention est interdite. Elle est frappée d'une nullité absolue. L'associé devra rembourser la somme prêtée par la société.

23. Procédure des conventions réglementées

- Établissement du rapport spécial sur les conventions réglementées par le gérant ou le CAC, s'il existe.
- Approbation préalable des conventions par les associés :
  – si la convention est conclue par un gérant non associé ;
  – et s'il n'y a pas de commissaire aux comptes dans la société.
- Approbation postérieure à la conclusion du contrat dans les autres cas.

Lors du vote, la personne intéressée ne participe pas au vote et ses parts ne sont pas prises en compte pour le calcul de la majorité.

Les conventions non approuvées produisent néanmoins leurs effets, à charge pour le gérant et, s'il y a lieu, pour l'associé contractant, de supporter individuellement ou solidairement, selon les cas, les conséquences du contrat préjudiciable pour la société.

24. Les règles de cession de parts d'une SARL

Cession des parts d'une SARL entre	Principe	Vote	Exception	Vote	Le cédant vote (O/N)
• Associés	libre	néant	clause d'agrément	majorité des associés représentant au moins la moitié des parts sociales ou une majorité statutaire plus forte	O
• L'associé et son conjoint	libre	néant	clause d'agrément	idem	O
• L'associé et son fils (descendant)	libre	néant	clause d'agrément	idem	O
• L'associé et son père (ascendant)	libre	néant	clause d'agrément	idem	O
• L'associé et un tiers	soumise à « agrément des associés »	majorité des associés représentant au moins la moitié des parts sociales ou une majorité statutaire plus forte	néant (1)	–	O
• L'associé et sa concubine (2)	idem	idem	néant	–	O
• L'associé et son cousin (2)	idem	idem	idem	–	O

(1) Art. L. 223-14 al. 7 « Toute clause contraire aux dispositions du présent article est réputée non écrite ».
(2) La concubine est assimilée à un tiers ainsi que le cousin (collatéral).

Conclusion : la cession des parts de SARL est en principe libre entre associés, conjoints, descendants, ascendants mais soumise à décision collective à la double majorité quand il s'agit de cession à des tiers : majorité en nombre et majorité en capital (la moitié des parts sociales ou une majorité statutaire plus forte).

25. Cession de parts dans la SARL l'Ermitage – Clause de garantie de passif

À l'occasion du contrat de cession de ses parts dans la SARL l'Ermitage, M. Coubrou a consenti une clause de garantie de passif par laquelle il certifie l'exactitude du bilan et de la situation comptable ayant servi de base à la détermination du prix de cession, et s'engage à prendre à sa charge toutes les dettes qui ne figureraient pas au bilan ou dans la situation comptable et qui se révéleraient postérieurement à la cession.

C'est en fonction du contenu de la clause que l'on apprécie l'étendue de l'engagement du cédant. Ici, M. Coubrou devra régler une partie du redressement de TVA (proportionnellement aux parts détenues) dont la société vient de faire l'objet au lieu et place du nouveau propriétaire des parts sociales, puisqu'il s'était engagé à payer les dettes de la société, notamment en matière fiscale, qui apparaîtraient postérieurement à la cession mais qui ont pris naissance antérieurement à celle-ci.

Bénéficiaires de la clause de garantie de passif : le cédant s'engage à verser à la société les sommes nécessaires au paiement des dettes sociales qui viendraient à se révéler ou à régler personnellement les créanciers sociaux pour le compte de la société (dans le cas règlement à la société ou à l'administration fiscale).

26. Transformation de la SARL « Le Chat botté » en SA

Phase 1 : conditions préalables à respecter

- Faire établir par un commissaire aux comptes inscrit un rapport sur la situation de la société (art. L. 223-43 al. 3 C. com.) à la demande du gérant de la société.
- Faire établir par un commissaire à la transformation désigné par décision de justice ou par décision unanime des associés un rapport sur l'évaluation des biens composant l'actif social et les avantages particuliers (art. L. 224-3 C. com.). La nomination du commissaire à la transformation n'est pas obligatoire quand la SARL est dotée d'un CAC (art. l. 224-3 C. com.) ; c'est le CAC qui appréciera les points dont le commissaire à la transformation est chargé.

  Le rapport du commissaire à la transformation doit attester que le montant des capitaux propres est au moins égal au capital social. Il est tenu au siège social à la disposition des associés 8 jours au moins avant la date de l'assemblée appelée à statuer sur la transformation. En cas de consultation écrite, le texte du rapport doit être adressé à chacun des associés et joint au texte des résolutions proposées (art. 56-1 Dt 67).

  Le commissaire à la transformation peut être la même personne que le commissaire aux comptes : il ne rédigera alors qu'un seul rapport comportant les deux missions (article L. 224-3).
- Le capital minimum doit être porté de 10 000 € à 37 000 € (SA sans appel public à l'épargne).
- Le nombre d'associés : le nombre minimum dans une SA est de 7 ; il faudra que les associés trouvent 4 personnes.
- Objet social licite : en l'espèce la fabrication de chaussures n'est pas une activité réglementée ni interdite pour une SA.

Phase 2 : la décision des associés

Il s'agit d'une modification statutaire (changement de forme sociale) qui nécessite une décision collective extraordinaire.

Les associés ont dû approuver les deux rapports (ou un seul) du commissaire aux comptes et du commissaire à la transformation sur la situation de la société et l'évaluation des biens de l'actif, puis décider à la majorité des trois quarts des parts sociales ou des deux tiers la transformation (le vote favorable d'Antoine et Bernard est nécessaire pour atteindre la majorité). Exceptionnellement, cette décision a pu être prise à la majorité des parts sociales si les capitaux propres figurant au dernier bilan excédaient 750 000 € (art. L. 223-43 al. 2 C. com.).

Les associés ont dû procéder à la nomination des premiers membres du conseil de surveillance puisqu'il s'agit d'une SA à directoire.

Il faudra que le conseil de surveillance se réunisse afin de désigner les membres du directoire et le président du directoire pour entamer les formalités de publicité.

La violation des règles des articles L. 223-43 et L. 224-3 C. com. entraîne la nullité de la transformation.

Phase 3 : formalités

- Enregistrement des statuts modifiés.
- Insertion dans un journal d'annonces légales d'un avis de transformation.
- Dépôt au greffe du tribunal de commerce de deux exemplaires (par l'intermédiaire du CFE) :
  - du procès-verbal de l'assemblée ayant décidé la transformation ;
  - du procès-verbal de la décision ayant désigné les membres des nouveaux organismes sociaux ;
  - des nouveaux statuts ;
  - du rapport du commissaire chargé d'apprécier la valeur des biens composant l'actif social ;
  - inscription modificative au registre du commerce et des sociétés du lieu du siège social ;
  - insertion au BODACC.

Effets juridiques de la transformation

La transformation régulière d'une société en une société d'une autre forme n'entraîne pas la création d'une personne morale nouvelle. C'est donc la même personne morale qui se perpétue malgré le changement de forme sociale (art. 1844-3 du C. civil et art. L. 210-6 al. 1 C. com.).

La transformation prend effet à compter du jour où elle a été décidée entre associés mais ne devient opposable aux tiers qu'après accomplissement des formalités de publicité.

La transformation n'entraîne aucune interruption dans les opérations de la société : les droits et obligations contractés avant subsistent dans la nouvelle forme juridique. Cependant, elle met fin aux pouvoirs des dirigeants de l'ancienne forme sans que l'on puisse considérer qu'il s'agit d'une révocation (sauf si la transformation a été décidée pour écarter les anciens dirigeants).

La transformation ne met pas fin aux organes de contrôle sauf si la nouvelle forme n'exige pas leur présence.

Vis-à-vis des créanciers : les créanciers antérieurs à la transformation conservent leurs droits à l'égard de la société et des associés (exemple : transformation d'une SNC en SARL : pour les dettes antérieures, la responsabilité des associés reste indéfinie et solidaire).

DISSOLUTION ANTICIPÉE D'UNE SARL

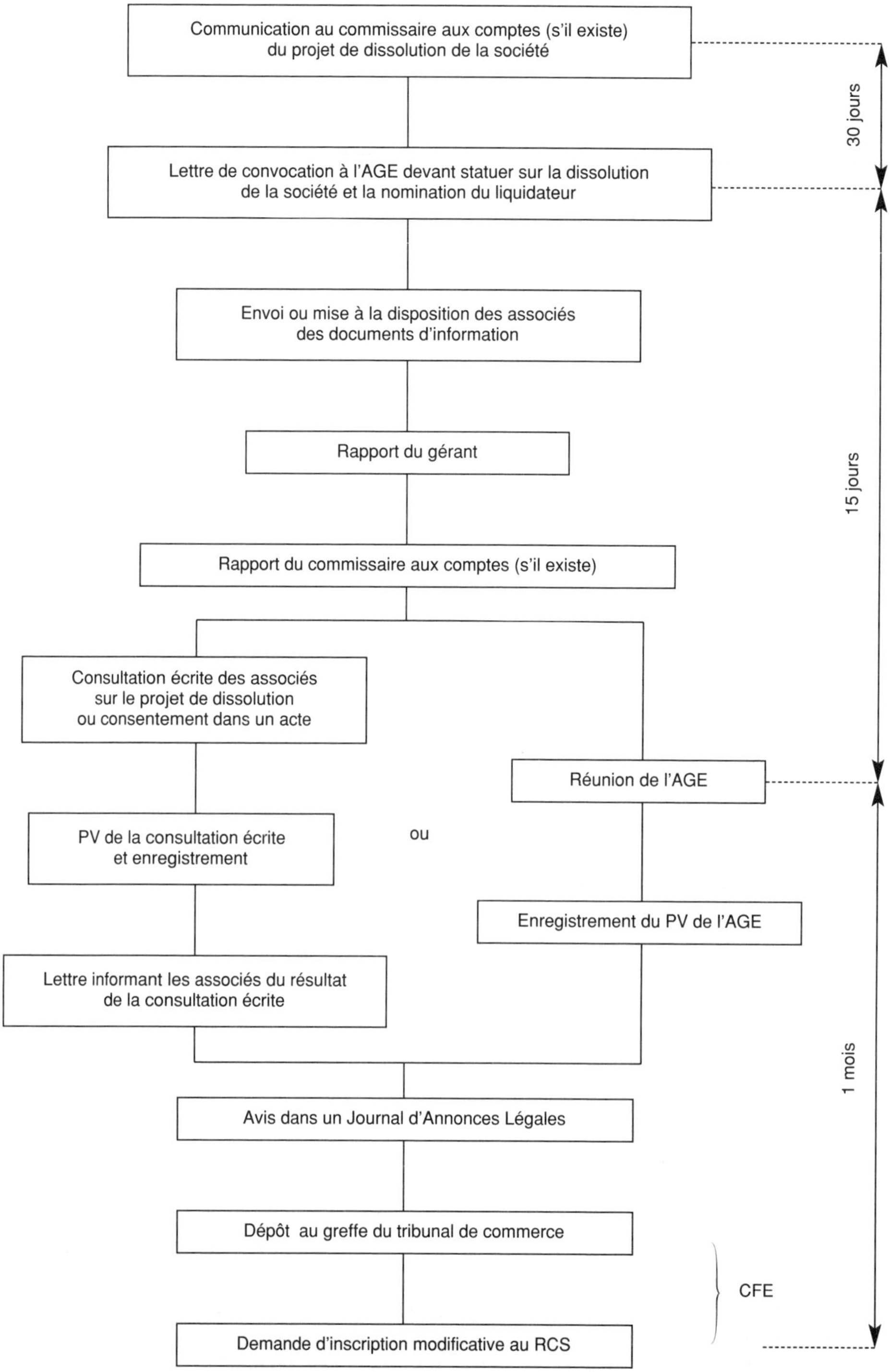

Dans le cas inverse d'une SARL qui se transforme en SNC, il a été cependant jugé que la responsabilité des associés était indéfinie et solidaire même pour les dettes contractées antérieurement à la transformation en SARL (Cass. civ. 10.01.73).

Les créanciers conservent les garanties attachées à leurs créances dont ils bénéficiaient avant la transformation (même pour les cautions selon la jurisprudence ; Cass. 08.11.72, 09.04.73, 16.10.78 02.10.79).

Il y aura aussi maintien des contrats de travail dans la nouvelle société pour les salariés de l'ancienne forme juridique.

27. Dissolution anticipée d'une SARL

Ce cas de dissolution est commun à toutes les sociétés. Il résulte d'une décision collective extraordinaire prise par les associés représentant au moins les trois quarts des parts sociales. Les opérations de dissolution se dérouleront selon le schéma page suivante.

28. Retrait successif d'associés dans une SARL

La réunion de toutes les parts sociales en une même main entraîne la transformation automatique de la SARL pluripersonnelle en SARL unipersonnelle. La publicité du changement devra être effectuée auprès du RCS. La société continuera de fonctionner avec un associé unique qui pourra en être le gérant s'il remplit les conditions requises pour être gérant de SARL.

Tests sur la SARL unipersonnelle

1. Il est intéressant de créer une EURL plutôt que de rester en entreprise individuelle : **sur le plan juridique** *(d)* et sur le plan fiscal *(b)*, selon le niveau d'imposition de l'associé unique (personne physique) qui pourra opter pour l'IS s'il y trouve avantage.

2. L'EURL existe en droit français depuis le : **11.07.85** *(c)*.

3. Son origine : **création d'une nouvelle société** *(a)* et **réunion de toutes les parts d'une SARL** *(b)*.

4. Une personne physique peut être associée unique de plusieurs EURL : **vrai** *(a)*.

5. Chaque époux peut créer chacun une EURL : **vrai** *(a)*.

6. Une EURL peut être associée unique d'une autre EURL : **faux** *(b)*.

7. Le gérant d'une EURL doit être une personne physique : **faux** *(b)*, mais il pourra en déléguer en partie seulement.

8. Les décisions relevant de l'assemblée des associés relèvent de : **l'associé unique**.

9. Formalités de constitution : **identiques à celles d'une SARL pluripersonnelle** *(a)*.

10. Le mandat de gérant associé unique est révocable : **faux** *(b)*.

11. Les décisions de l'associé unique sont constatées par PV : **vrai** *(a)*, mention en sera portée sur le registre des délibérations.

12. Le régime des conventions passées entre l'EURL et l'associé unique est : **identique à celui de la SARL pluripersonnelle** *(a)*.

13. L'EURL doit avoir un commissaire aux comptes si deux des trois seuils suivants sont dépassés :
    - **nombre moyen de salariés :** 50 ;
    - **total du bilan :** 1,55 millions d'€ ;
    - **chiffre d'affaires HT :** 3,1 millions d'€ *(b)*.

14. Le gérant de l'EURL, associé unique ou non, doit établir un rapport de gestion, les comptes annuels, l'inventaire : **vrai** *(a)*.

15. L'associé unique n'a pas à approuver les comptes : **faux** *(b)*.

16. L'associé unique n'est jamais responsable au-delà de ses apports : **vrai** *(a)*. Commentaire : **s'il n'y a pas confusion de son patrimoine personnel avec le patrimoine de la société.**

17. Le décès de l'associé unique entraîne la dissolution de l'EURL : **faux** *(b)*.

18. Le gérant associé unique peut bénéficier d'un contrat de travail : **faux** *(b)*, car le lien de subordination n'existera pas.

Cas pratiques sur la SARL pluripersonnelle

1 Maureau

1. Régime de l'apport d'un bien commun dans une SARL

L'apport envisagé par l'époux est un apport en numéraire. Il obéit à la règle de l'art. 1832-2 du C. civil : un époux ne peut, sous peine d'annulation de l'apport (art. 1427 C. civil), employer des biens communs pour faire un apport à une SARL sans que son conjoint en ait été averti et sans qu'il en soit justifié dans l'acte.

Guillaume doit donc informer sa femme préalablement à l'apport par lettre recommandée avec accusé de réception ou par signification d'huissier. À défaut, Virginie peut demander la nullité de l'apport pendant 2 ans à partir du jour où elle a eu connaissance sans pouvoir être demandée plus de 2 ans après la dissolution de la communauté.

En réponse à l'information, l'épouse devra manifester son intention d'être associée ou non dans la SARL.

2. Droit des époux

Les parts sociales constituent des biens communs qui seront partagés en cas de séparation des époux.

Si le conjoint n'a pas désiré être associé lors de l'apport, il pourra le devenir après agrément des associés (application de l'art. L. 223-14 C. com., majorité des associés représentant au moins la moitié des parts sociales).

3. Montant minimal des parts sociales

Depuis la loi du 11.02.1994, le capital social d'une SARL est divisé en parts égales sans précision d'une valeur nominale minimum (art. L. 223-2 C. com.).

4. Actes accomplis pour le compte d'une société en formation

L'article L. 210-6 al. 2 C. com. prévoit que les personnes qui ont agi au nom d'une société en formation avant qu'elle ait acquis la jouissance de la personnalité morale sont tenues solidairement et indéfiniment des actes accomplis. Mais la société peut reprendre ces actes et en devenir responsable depuis leur conclusion, une fois immatriculée.

Modalités de la reprise par la société

- Par un état des actes accomplis pour le compte de la société en formation, présenté aux futurs associés avant la signature des statuts et annexé aux statuts. Dans cet état, on décrit les actes conclus. La signature des statuts emporte reprise des actes si la société est immatriculée (art. 26 D. 67).
- Par un mandat donné par les associés, dans les statuts ou par acte séparé à condition qu'il soit déterminé (art. 26 D. 67).
- Par une décision ordinaire prise par les associés après immatriculation de la société (art. L. 210-6 al. 2 C. com.).

Application au cas

Guillaume doit mentionner les honoraires de 200 € et le contrat de bail dans l'état des actes accomplis pour le compte de la société, état qui sera annexé aux statuts et signé par les associés pour que la société devienne débitrice après son immatriculation.

5. Remboursement de la somme de 1 000 €

Si la société est immatriculée, la société est responsable de ces actes et la somme de 1 000 € lui sera remboursée. Si la société n'est pas immatriculée ces actes restent à la charge de Guillaume.

6. Droit de communication des documents sociaux et responsabilité civile du gérant

Droit de communication des documents sociaux

L'art. L. 223-26 al. 4 C. com. prévoit que l'associé peut, à toute époque, obtenir communication des documents sociaux concernant les trois derniers exercices : bilans, comptes de résultat, annexes, inventaires, rapports soumis aux assemblées et procès-verbaux de ces assemblées. Sauf en ce qui concerne l'inventaire, le droit de prendre connaissance emporte celui de prendre copie. Il peut se faire assister d'un expert (art. 33 Dt 67).

Application au cas

Le fils de l'associé décédé n'a pas encore la qualité d'associé, il ne peut donc pas prétendre au droit de communication des documents sociaux.

Responsabilité civile d'un gérant

L'art. L. 223-22 C. com. déclare les gérants responsables envers la société ou les tiers :
- des infractions aux dispositions législatives ou règlementaires applicables aux SARL ;
- des violations des statuts ;
- des fautes commises dans leur gestion.

L'action en responsabilité contre le gérant peut être intentée :
- par toute personne (associé ou tiers) qui a subi un préjudice personnel (action individuelle) ;
- par les associés, pour le préjudice subi par la société (action sociale). Les associés dans ce cas peuvent agir :
  - individuellement : action sociale *ut singuli* (quelle que soit leur part de capital),
  - collectivement : action sociale s'ils détiennent 10 % du capital social.

Application au cas

Le fils de l'associé décédé peut agir contre le gérant s'il a subi un préjudice personnel ; il ne peut pas engager l'action sociale puisqu'il n'a pas la qualité d'associé.

7. Transmission des parts sociales dans une SARL

L'art. L. 223-13 C. Com. énonce que les parts sociales sont librement transmissibles par voie de succession mais que les statuts peuvent stipuler que l'héritier ne peut devenir associé qu'après avoir été agréé à la majorité prévue par l'art. L. 223-14 C. Com. : consentement de la majorité des associés représentant au moins la moitié des parts sociales.

Application au cas

Guillaume et l'ami associé représentent la majorité des associés (2 sur 3) et plus de la moitié des parts sociales (6 000 € sur 8 000 €, soit 75 % du capital). L'héritier ne sera pas agréé puisque la majorité requise est détenue par les opposants à son entrée dans la société. Les parts devront être rachetées par les associés ou par un tiers agréé par eux. Le prix de cession, en cas de contestation, sera fixé par un expert désigné par les parties ou par le président du tribunal de commerce en cas de désaccord.

2 Bapré

La société Bapré est une SARL au capital de 10 000 €, réparti en 1 000 parts de 10 € l'une. Elle se compose de 3 associés personnes physiques dont l'un deux, M. Carol, est gérant. La société a réalisé des pertes depuis deux exercices ce qui amène le gérant à se poser divers problèmes.

Première partie

1. Réunion de l'assemblée générale ordinaire annuelle

La réunion des associés doit avoir lieu dans les six mois qui suivent la clôture de l'exercice, soit, dans le cas de la SARL Bapré, avant le 31 octobre.

2. Procédure à suivre avant et pendant l'assemblée

Le gérant doit convoquer les associés par lettre recommandée au moins quinze jours avant la date prévue (soit le 16 octobre au plus tard) ; à cette convocation doivent être joints :
- l'ordre du jour ;
- le rapport de gestion du gérant ;
- les comptes annuels ;
- le texte des résolutions proposées ;
- le rapport spécial sur les conventions réglementées.

Le jour de l'assemblée, le gérant préside la réunion puisqu'il est gérant associé (autrement, la présidence est assurée par l'associé qui a le plus de parts). Il fait signer la feuille de présence par les associés présents ou leurs mandataires, il dirige les débats, il fait voter sur les résolutions proposées, il répond aux questions posées par écrit (éventuellement), il établit le procès-verbal de l'assemblée sur le registre des assemblées et le signe.

3. Obligations du gérant à la suite de l'assemblée

- *De manière normale :* le gérant doit déposer dans le mois qui suit l'assemblée au greffe du tribunal de commerce (soit le 30 novembre au plus tard) :
  - les comptes annuels ;
  - le rapport de gestion ;
  - la proposition d'affectation et la décision d'affectation du résultat votée ;
  - le rapport du commissaire aux comptes (s'il existe) sur les comptes annuels.
- *De manière spéciale :* le report à nouveau de la perte fait apparaître des capitaux propres inférieurs à la moitié du capital social.

Selon l'article L; 223-42 alinéa 1 C. com. : « Si du fait des pertes constatées dans les documents comptables, les capitaux propres de la société deviennent inférieurs à la moitié du capital social, les associés décident, dans les 4 mois qui suivent l'approbation des comptes ayant fait apparaître cette perte, s'il y a lieu à dissolution anticipée de la société. »

La perte de la moitié du capital fait l'objet d'une réglementation particulière dans les SARL : elle prévoit :
- la consultation des associés en vue de décider éventuellement la dissolution de la société dans les quatre mois de l'AGO (soit le 28 février au plus tard) ;
- diverses mesures de publicité de la décision prise, quelle qu'elle soit (avis dans un journal d'annonces légales, dépôt au greffe, inscription au registre du commerce et des sociétés) ;
- l'obligation de reconstituer les capitaux propres de la société au plus tard à la clôture du deuxième exercice suivant celui au cours duquel la constatation des pertes est intervenue si la décision de maintien de l'activité a été votée.

Selon l'article L. 223-42 alinéa 1 C. com., il faut que les capitaux propres de la société soient inférieurs à la moitié du capital social. Dans le cas, 4 700 est bien inférieur à la moitié du capital social de la SARL Bapré (10 000 / 2 = 5 000).

Le gérant doit donc convoquer, dans les quatre mois de l'assemblée qui a approuvé les comptes, une nouvelle assemblée qui devra décider si la société doit être poursuivie ou s'il faut prononcer sa dissolution anticipée ; cette assemblée est une assemblée générale extraordinaire. Si la poursuite de la société est décidée, les capitaux devront être reconstitués de la moitié du capital social au plus tard à la clôture du 2e exercice suivant celui au cours duquel la constatation des pertes est intervenue.

4. Consultation par écrit

Dans la SARL, en principe, les décisions collectives sont prises en assemblée (art. L. 223-27 al. 1 C. com.). Ce mode de consultation est obligatoire :

- pour l'approbation annuelle des comptes ;
- lorsque la réunion a été demandée par un ou plusieurs associés représentant au moins soit à la fois le quart en nombre d'associés et le quart des parts sociales, soit seulement la moité des parts sociales (art. L. 223-27 al. 3).

Dans tous les autres cas, les statuts peuvent prévoir une consultation par écrit des associés (art. L. 223-27 al. 1). En l'espèce, il n'est pas possible de consulter les associés par écrit pour l'approbation annuelle des comptes, mais les statuts l'ont prévu pour la réunion de l'assemblée générale extraordinaire qui pourraient prononcer la dissolution de la société du fait des pertes.

NB : La loi du 11.02.1994 a prévu une troisième possiblité de consultation par le consentement de tous les associés exprimé dans un acte (art. L. 227-27 al. 1 C. com.).

5. Cumul des fonctions de gérance avec un contrat de travail

Dans le silence de la loi sur ce point, une construction jurisprudentielle rend licite un tel cumul si trois conditions sont remplies :

- le contrat de travail doit correspondre à un emploi effectif (non fictif ou en vue de tourner les règles de la révocation de la gérance) ;
- les fonctions de gérance doivent être nettement distinctes des fonctions salariales : le gérant a une tâche de direction générale, le contrat de travail doit être spécialisé dans une tâche (ici la fonction technique). Diverses décisions jurisprudentielles ont exigé le versement d'une rémunération distincte pour admettre le cumul, mais l'unicité de la rémunération n'entraîne pas à elle seule le rejet du cumul.

  On peut s'interroger dans le cas de la société Bapré sur sa taille qui doit être modeste, car il a été jugé que, dans une entreprise de dimension modeste, la séparation entre direction générale et direction technique confiées au gérant était purement artificielle (Paris 18.06.87 – Cass. 21.07.81 – Paris 10.10.89) ;
- l'intéressé doit être placé dans un état de subordination à l'égard de la société, ce qui implique qu'il soit gérant minoritaire. Pour qualifier la gérance de majoritaire, il faut ajouter aux parts détenues par l'associé celles de son conjoint et de ses enfants mineurs non émancipés. Dans notre cas, M. Carol détient 450 parts sur 1 000. Il ne faut pas ajouter celles de sa fille qui est majeure. Il est donc gérant minoritaire.

M. Carol remplit les conditions de cumul. Il faut conseiller à M. Carol de maintenir les deux bulletins mensuels qui justifient (en la forme) l'existence de deux contrats (de gérance et de travail).

6. La fixation de la rémunération du gérant

La loi et le décret d'application sont silencieux sur ce point. Ce sont les statuts qui en préciseront le mode de calcul ou la décision collective des associés.

Dans le cas Bapré il y a deux rémunérations à distinguer :

- celle relative à son contrat de mandat de gérant ;
- celle relative à son contrat de travail avec la société.

Le problème est de savoir si les deux contrats sont des conventions réglementées soumises à la procédure de l'article L. 223-19 C. com. La doctrine majoritaire tend à considérer que le mandat de gérance n'est pas soumis à l'article L. 223-19 alors que le contrat de travail est une convention réglementée. La pratique cependant, par prudence, applique souvent la procédure de l'article L. 223-19 au contrat de gérance pour augmenter la rémunération du gérant.

Donc dans les deux cas, la décision d'augmentation appartient aux associés et si l'on suit l'opinion dominante :

– le gérant associé pourra participer au vote pour l'augmentation de sa rémunération de gérant ;
– le gérant ne pourra participer au vote et ses parts ne seront pas prises en compte pour décider de l'augmentation de son salaire.

Deuxième partie

1. Cession de parts de la SARL

Il s'agit d'une cession à un tiers car Mme Dong ne fait pas partie de la SARL Bapré.

Le principe est que toute cession à une personne étrangère à la société ne peut se faire qu'avec le consentement de la majorité des associés représentant au moins la moitié des parts sociales (art. L. 223-14 C. com.).

Dans le cas Bapré, l'accord de M. Pul et de Mme Dong ne suffit pas pour que la cession se fasse légalement.

Il faut aussi obtenir l'accord des associés :

– le projet de cession doit être notifié par acte extrajudiciaire ou par lettre recommandée avec accusé de réception à la société et à chacun des associés ; le gérant convoque les associés dans les 8 jours de la notification à la société et à tous les associés ;
– pour que la cession soit acceptée il faut une double majorité :
  - la majorité des associés en nombre ;
  - la moitié du capital social.

Si la société n'a pas fait connaître sa décision dans le délai de 3 mois, le consentement à la cession est réputé acquis.

L'associé cédant, M. Pul, participe au vote.

En cas de refus de l'agrément et si le cédant détient ses parts depuis au moins 2 ans, la société doit faire acquérir les parts par quelqu'un d'autre ou, éventuellement, réduire son capital par rachat des parts dans le délai de 3 mois (6 mois par décision de justice ; mais cette deuxième hypothèse implique des conditions particulières). Si à l'expiration de ce délai imparti aucune des solutions n'est intervenue, l'associé peut réaliser la cession initialement prévue (agrément par déchéance).

Enfin la cession doit faire l'objet des formalités pour être opposable à la société et aux tiers :

– projet de cession à notifier à la société et à chaque associé ;
– opposabilité à la société : soit par signification par acte extra-judiciaire, soit par dépôt d'un original entre les mains du gérant et contre attestation de ce dépôt ;
– opposabilité aux tiers : par le dépôt au greffe de deux exemplaires de l'acte de cession.

2. Opposition à l'opération de cession

L'opposition de Melle Carol sera sans effet, puisque la double majorité est obtenue par les votes de M. Carol, 45 %, et de M. Pul, 30 % (il vote lors de cette consultation). Ces 2 associés (sur 3) représentent 75 % du capital (ce qui est plus que la moitié des parts sociales).

3. Clause de garantie de passif

Lors d'une cession de parts, il arrive que l'acquéreur exige du cédant, dans le contrat de vente, l'insertion d'une clause de garantie de passif. Elle consiste pour le cédant à certifier l'exactitude du bilan ou de la situation comptable ayant servi de base à la détermination du prix de cession. Le cédant s'engage à prendre aussi à sa charge toutes (ou certaines) les dettes qui ne figureraient pas sur les documents comptables ou qui n'auraient pas été provisionnées ou insuffisamment provisionnées, et qui viendraient à se révéler postérieurement à la date de la cession.

C'est en fonction du contenu de cette clause que l'on apprécie l'étendue de l'engagement du cédant. Ainsi, dans le cas, M. Pul devrait payer les dettes se révélant après la cession et non mentionnées dans les documents comptables (exemples : dettes fiscales, dettes sociales, etc.), donc nées antérieurement à la cession. (Voir « Modèle de clause de garantie de passif » dans le manuel, chap. 10, dans les compléments.)

Troisième partie

1. Transformation de la SARL en SA

Cette opération a été prévue par le législateur qui la soumet à plusieurs conditions dans les articles L. 223-43 et L. 224-3 C. com. Donc elle est possible d'autant qu'elle correspond en pratique au développement normal d'une SARL.

2. Conditions et procédures à respecter

Un commissaire à la transformation va être désigné par le tribunal à la demande du gérant ou l'unanimité des associés (puisque la société n'est pas dotée d'un CAC) qui vérifiera la valeur des biens de l'actif social et les avantages particuliers qui auraient pu être concédés à des associés. Il doit attester que le montant des capitaux propres est au moins égal au capital social.

Un commissaire aux comptes choisi par le gérant devra établir un rapport sur la situation de la société qui sera présenté à l'assemblée générale extraordinaire avant le vote.

La même personne peut être nommée pour effectuer les deux missions dans un seul rapport.

Le capital social devra être porté à 37 000 € (il aura fallu régulariser la situation nette).

Le nombre des associés devra être de 7.

L'objet de la SARL doit être licite en SA.

La transformation devra être décidée par une assemblée générale extraordinaire statuant à la majorité requise pour la modification des statuts (trois quarts des parts sociales ou deux tiers). Mais si les capitaux propres figurant au dernier bilan excèdent 750 000 €, la transformation peut être décidée par les associés représentant la majorité des parts sociales (art. L. 223-43 al. 2 C. com.). Dans le cas Bapré, c'est le vote à la majorité légale (3/4 puisqu'elle a été créée il y a quelques années, donc avant 2005) qui est nécessaire.

3. La transformation régulière d'une société n'entraîne pas la création d'une personne morale nouvelle (art. L. 210-6 al. 1 C. com.). Il n'y aura donc pas de dissolution ni de liquidation de la SARL.

La transformation prend effet à compter du jour où elle a été décidée mais elle ne devient opposable aux tiers qu'après achèvement des formalités de publicité (avis dans un Journal d'annonces légales, dépôt au greffe de deux exemplaires du procès-verbal de l'assemblée générale extraordinaire, de deux exemplaires du procès-verbal de désignation des nouveaux organes de gestion, des nouveaux statuts, inscription modificative au registre du commerce et des sociétés, insertion au BODACC).

3 Lord

1. Cumul du statut d'associé et du statut de salarié

La jurisprudence a précisé les conditions du cumul du mandat de gérant avec un contrat de travail ainsi que les conditions du cumul quant à l'associé non gérant.

Romain Brun est associé minoritaire non gérant.

Conditions pour bénéficier d'un contrat de travail avec la société

- Fonctions effectives : le contrat de travail doit être réel (non fictif).
- Existence d'un lien de subordination.
- L'associé salarié ne doit pas s'immiscer dans la gestion.
- La conclusion d'un tel contrat de travail avec la société entre dans le champ des conventions réglementées (art. L. 223-19 al. 1) : il doit être approuvé par les autres associés par décision ordinaire.

Procédure

- Conclusion de la convention (contrat de travail) entre la SARL et Romain Brun.
- Information du CAC éventuel par le gérant dans le délai d'un mois à compter de la conclusion de la convention.
- Établissement d'un rapport par le gérant ou le CAC (c'est le cas dans le sujet) sur la ou les conventions intervenues.
- Présentation du rapport à l'assemblée.
- Vote de l'assemblée statuant à la majorité des parts sociales.
- L'associé intéressé ne peut pas voter ; ses parts ne sont pas prises en compte pour le calcul du quorum et de la majorité.
- Application au cas : 4 501 parts sont nécessaires pour que la convention soit approuvée.

2. Réglementation applicable aux deux conventions conclues

Le prêt à la société Blois

Remarque préliminaire : à la seule lecture de l'énoncé de la question, on ne disposait pas des éléments permettant de prouver l'interposition de personne.

Si l'interposition de personne est prouvée (autrement dit si Stéphane Brun a effectivement bénéficié du prêt) :

- Application de l'article L. 223-21 C. com. relatif aux conventions interdites : à peine de nullité du contrat, il est interdit au gérant ou associé de contracter des emprunts auprès de la société (...) directement ou par personne interposée.
- Nullité de la convention dans ce cas.

- Conséquences pour le gérant Stéphane Brun :
  - responsabilité civile,
  - voire pénale,
  - juste motif de révocation.

Si l'interposition de personne n'est pas prouvée (autrement dit s'il n'est pas démontré que le prêt a profité personnellement à Stéphane Brun) :

- Application de l'article L. 223-19 C. com. (conventions réglementées).
- La convention produira ses effets (même si l'assemblée ne l'approuve pas) à charge pour le gérant (Stéphane Brun) de supporter individuellement les conséquences du contrat préjudiciable à la SARL (puisque conclu à un taux préférentiel sans raison apparente).
- Mêmes conséquences que ci-dessus pour le gérant.

L'avance consentie par la SARL Lord à la SA Verd

- Il s'agit d'une convention conclue entre des sociétés d'un même groupe (avance intra-groupe).
- L'associé bénéficiaire de l'avance est une personne morale : l'article L. 223-21 C. com., relatif aux conventions interdites, n'est donc pas applicable : la convention est licite.
- Sur l'application de l'article 223-19 C. com. (conventions réglementées) ou L. 223-20 C. Com. (conventions courantes conclues à des conditions normales) :
  - la nature « courante » de la transaction financière est présumée ;
  - l'appréciation du caractère «normal» de la transaction est à rechercher.
- Application au cas : l'avance est consentie «au taux du marché». On peut en conclure qu'elle relève de l'article L. 223-20 C. com. qu'il s'agit d'une convention libre et qu'elle échappe à la procédure des conventions réglementées.

3. Note d'information précisant les conditions et modalités de révocation du gérant en place (puis de nomination du nouveau gérant)

Révocation d'un gérant de SARL

- Le gérant est révocable par décision des associés représentant plus de la moitié des parts sociales ou à la majorité des votes émis sur 2e consultation si les statuts n'ont pas écarté cette 2e consultation.
- Le gérant est révocable par décision du tribunal pour cause légitime.
- Le gérant associé participe au vote.
- Si la révocation est décidée sans juste motif, elle peut donner lieu à dommages-intérêts.
- Une infraction aux dispositions légales ou statutaires ou une faute de gestion constituent de justes motifs de révocation.
- Application au cas : Stéphane Brun pourra être révoqué puisque le clan des « opposants » détient 7 100 parts sur 10 000.

La nomination d'un nouveau gérant

- Le gérant doit être une personne physique, capable, non frappée d'interdiction ou d'incompatibilité.
- Nomination à la majorité des parts sociales ou à la majorité des votes émis sur 2e consultation (sauf stipulation contraire des statuts).
- Application au cas : la SA Verd ne peut être gérante de la SARL puisqu'elle est une personne morale. Elle pourra proposer une personne physique.

4. Action en responsabilité contre le gérant

Qui peut agir ?

- Le nouveau gérant contre l'ancien gérant de la SARL.
- Action sociale *ut singuli* exercée par un seul associé au nom de la société.
- Action sociale par un groupement d'associés représentant au moins 1/10e du capital social.
- Les associés en leur nom s'ils ont subi un préjudice personnel (action individuelle).

L'action a-t-elle des chances d'être recevable ?

- Si l'interposition de personne est prouvée : Stéphane a violé une disposition légale impérative.
- Si l'interposition de personne n'est pas prouvée : Stéphane n'a pas agi dans l'intérêt social en accordant un prêt à un taux préférentiel à la société Blois, il a commis une faute de gestion.
- L'action en responsabilité civile peut aboutir dans les deux cas.

Prescription de l'action en responsabilité

3 ans à compter du fait dommageable ou de sa révélation (10 ans si le fait est qualifié de crime).

Cas pratiques sur la SARL unipersonnelle

1 Halima

1. La constitution d'une SARL unipersonnelle

Conditions

- 1 associé personne physique ou personne morale, capable.
- Un capital fixé librement à libérer d'un cinquième à la souscription, le reste dans les 5 ans pour les apports en numéraire.
- Rédaction de statuts et mêmes formalités que la SARL pluripersonnelle.

Avantages de l'EURL :

- Séparation des patrimoines : le patrimoine personnel de l'associé est distinct du patrimoine de l'entreprise.
- Responsabilité limitée de l'associé unique à son apport.
- Pérennité de l'entreprise.
- Transmission de l'entreprise facilitée par la transmission des parts aux héritiers.
- Option possible à l'IS.

Direction de la société

L'associé unique peut être le gérant de la société. Le cumul des deux qualités lui permettra de rester maître de son affaire.

Contrôle de la société

Le commissaire aux comptes est facultatif sauf si l'EURL dépasse deux au moins des trois seuils suivants :

- total du bilan : 1,55 millions d'€ ;
- chiffre d'affaires HT : 3,1 millions d'€ ;
- nombre moyen de salariés : 50.

2. Responsabilité à la suite de l'incendie

L'EURL peut être déclarée responsable :

- du fait du contrat passé : contrat par lequel la société a une obligation d'entretien de la machine ; l'inexécution ou la mauvaise exécution de cette obligation entraîne sa responsabilité contractuelle. Elle pourra s'en exonérer en prouvant la faute d'un tiers, de la victime ou un cas de force majeure ;
- du fait des choses dont on a la garde (art. 1384 du C. civ.). Il s'agit de la responsabilité délictuelle de la société. Elle pourra s'exonérer de sa responsabilité dans les trois cas cités plus haut.

3. Conséquences de la caution personnelle

Le banquier créancier, grâce à cette garantie personnelle de M. Halima, aura, en plus du patrimoine social, le patrimoine personnel de l'associé unique en garantie.

4. Transformation de l'EURL en SARL pluripersonnelle

La décision de cession de parts sociales détenues par M. Halima devra être constatée par un acte sous seing privé ou notarié et consignée dans un registre à peine de nullité (art. L. 223-31 al. 3 et 4). La procédure d'agrément n'est pas applicable (art. L. 223-14 al. 2). Il devra procéder aux formalités de publicité dans les mêmes conditions qu'une SARL pluripersonnelle puisqu'il y aura modification statutaire (répartition du capital modifiée), à savoir insertion au JAL, dépôt au greffe des 2 exemplaires de la décision unilatérale, statuts mis à jour, inscription modificative au RCS.

La transformation de l'EURL en SARL pluripersonnelle peut résulter également d'une décision d'augmentation de capital souscrite par l'ami de M. Halima. S'agissant d'une décision extraordinaire et modificative des statuts, les formalités décrites plus haut seront à respecter.

2 Stin

Création d'EURL par une société

L'article 1832 C. civil al. 2 prévoit que la société peut être instituée par l'acte de volonté d'une seule personne.

Une personne morale peut créer plusieurs SARL unipersonnelles dont elle sera l'associée unique. La société Stin sera l'associée unique des 2 EURL qu'elle détiendra à 100 %.

Direction d'une EURL

Quand l'associé unique est une personne morale, les fonctions de gérant doivent obligatoirement être exercées par un tiers puisque le gérant doit être une personne physique (art. L. 223-18 al. 1 C. com.).

La personne morale, associée unique devra désigner un gérant, personne physique.

Avantage fiscal

Quand l'associé unique est une personne morale et quelle que soit la forme juridique de celle-ci, la société est de plein droit passible de l'impôt sur les sociétés.

Le régime de l'intégration fiscale permet à une société mère d'intégrer les résultats de ses filiales et sous-filiales dont elle détient au moins 95 %, à condition que la société mère soit française et relève de l'impôt sur les sociétés tout comme ses filiales.

Si les filiales sont déficitaires, l'intégration fiscale permettra de minorer le bénéfice réalisé éventuellement et corrélativement l'impôt sur les sociétés dû par la SA.

3 Vac

En cas de réunion en une seule main de toutes les parts d'une société à responsabilité limitée, les dispositions de l'art. 1844-5 C. civil relatives à la dissolution judiciaire ne sont pas applicables (art. L. 223-4 C. com.).

Dans ce cas, contrairement au régime de droit commun, il n'est pas possible à tout intéressé de demander en justice la dissolution de la société.

Le passage de la SARL pluripersonnelle à l'EURL est réalisé dès que la cession des parts entraînant réunion de tous les droits sociaux dans une même main devient opposable aux tiers, c'est-à-dire après le dépôt d'un original de l'acte de cession au siège social ou signification par huissier à la société et le dépôt au greffe du tribunal de commerce de deux exemplaires de l'acte de cession.

Application au cas

La société Plum devient une EURL détenue à 100 % par la SA Vac, situation tout à fait légale. L'EURL Plum continue d'exister, elle est toujours une entité juridique autonome.

7 La SA : constitution et gestion

Tests

1. Associé ou dirigeant de SA avec conseil d'administration

	Actionnaire	Administrateur CA	Directeur général
Mineur non émancipé	O	N	N
Mineur émancipé	O	O	O
Personne morale	O	O	N
Majeur en tutelle	O	N	N
Époux	O	O	O
Étranger	O	O si membre UE ou si carte de commerçant étranger	O si membre UE ou si carte de commerçant étranger
Individu condamné pour abus de confiance	O	N, sauf réhabilitation	N, sauf réhabilitation
Expert-comptable	O	N, sauf si société reconnue par l'Ordre	N, sauf si société reconnue par l'Ordre

2. Création de la SA Bonal

La libération des apports en numéraire doit être au minimum de la moitié de 37 000 € (capital minimum de la SA sans appel public à l'épargne), le reste dans les 5 ans. La somme de 18 500 € devra être déposée dans les huit jours dans une banque, chez un notaire ou à la caisse des dépôts et consignations, à dater de la réception des fonds. Les versements sont accompagnés d'une liste de souscripteurs. Les fonds déposés sont bloqués jusqu'à l'immatriculation de la société au RCS.

Le dépôt sera constaté par un certificat du dépositaire des fonds au vu de la liste des actionnaires mentionnant les sommes versées par chacun d'entre eux.

Les fonds ne pourront être débloqués qu'après immatriculation de la société au registre du commerce et des sociétés sur présentation de l'extrait K BIS délivré par le greffe du tribunal de commerce attestant l'immatriculation.

En attendant, le fondateur peut faire des actes pour le compte de la société en formation (contrat de bail, achat de mobilier) dont il est responsable. Pour que la société reprenne ces actes et en soit responsable après l'immatriculation, il faudra qu'il organise la reprise par un état des actes annexé aux statuts au moment de leur signature.

3. M. Cumulard

- 5 mandats d'administrateurs et 1 mandat de membre du conseil de surveillance : 6 au total. Il doit renoncer à 1 d'entre eux pour respecter le plafond de 5.
- 1 mandat de directeur général et 5 mandats d'administrateurs : 6 au total. Il dépasse le plafond global de 5 ; il doit renoncer à 1 mandat.
- 1 mandat de directeur général et 2 mandats de président du conseil d'administration : 3 au total. Il ne dépasse ni la limite d'un mandat de DG, ni celle d'un PCA (5), ni le plafond global (5)
- 1 mandat d'administrateur dans une SA en Martinique et 5 mandats d'administrateurs en métropole : 6 au total (la Martinique fait partie du territoire français). Il dépasse la limite de 5 mandats ; il doit renoncer à 1 mandat.
- 9 mandats de représentants permanents de personnes morales. Il dépasse la limite de 5 mandats qui est désormais applicable au représentant permanent.
- 1 mandat de directeur général, 1 mandat de président du CA, 1 mandat de membre de directoire ; il peut cumuler ces 3 mandats : le mandat de directeur général est assimilable à celui de membre du directoire. La limite est d'un mandat de DG ou de membre du directoire mais un mandat supplémentaire est possible dans une autre société dès lors qu'aucune des 2 sociétés n'est cotée. Par ailleurs il respecte le plafond global de 5 mandats (il en a 3).

4. NHP

Pour solutionner le cas, on prend comme hypothèse que le nombre actuel d'administrateurs est conforme au nombre fixé par les statuts (4).

Le poste de l'administrateur démissionnaire devient vacant et le nombre d'administrateurs restant (3) est égal au minimum statutaire légal (3) mais inférieur au minimum statutaire (4). Le conseil doit procéder à une nomination à titre provisoire (art. L. 225-24 al. 3 C. com.). Cette cooptation doit être soumise à la ratification de la plus prochaine assemblée générale ordinaire. Il y a deux hypothèses :
- ratification de la cooptation : confirmation de la nomination ; formalités de publicité à effectuer ;
- non-ratification : nomination annulée, mais les délibérations prises avec l'administrateur coopté antérieurement à la décision de l'assemblée générale ordinaire restent valables (art. L. 225-24 al. 4 C. com.).

5. Révocation du PCA

Le problème juridique est celui de la révocation d'un PCA d'une société anonyme.
- *Organe compétent* : le conseil d'administration (art. L. 225-47).
- *Moment de la révocation* : à tout moment (*ad nutum*).
- *Justification de la révocation* : la révocation n'a pas à être justifiée mais elle ne doit pas être abusive, c'est-à-dire prononcée dans des circonstances portant atteinte à la réputation et à l'honorabilité du dirigeant révoqué. Sinon il pourrait prétendre à des dommages et intérêts.

Dans l'arrêt, le PCA considère comme vexatoire le fait qu'un huissier de justice vienne effectuer un constat dans son bureau après sa révocation.

La cour d'appel ne trouve pas que cette révocation est abusive et constate aussi qu'aucune publicité n'a été faite dans l'entreprise ni auprès des tiers. Le PCA n'aura pas droit à des dommages-intérêts pour révocation abusive.

6. Cumul de mandats

Mandats	Administrateur/PCA	Directeur général
SA Paris	1	–
SA Lyon	1	–
SA Nantes	1	–
SA Barcelone	–	–
SA Marseille	–	1
Total par catégorie de mandat	3	1 [1]
Total tous mandats confondus	4	
Plafond légal par catégorie de mandat	5	1
Plafond global légal	5	

1. L'exercice de la direction générale par un administrateur ne compte que pour un seul mandat (celui de directeur général). M. Rade se trouve dans cette situation s'il accepte le poste dans la SA de Marseille.

Plafond par catégorie de mandat

Une personne physique ne peut exercer simultanément plus de cinq mandats d'administrateur de SA ayant leur siège social sur le territoire français sauf dérogations. Les dérogations ne s'appliquent pas ici puisqu'il est précisé dans l'énoncé que ces sociétés n'ont aucun lien juridique ou financier. De plus, le mandat exercé à Barcelone n'entre pas dans le calcul puisqu'il s'agit d'une SA dont le siège est en Espagne. M. Rade détient trois mandats d'administrateur ; il n'atteint pas le plafond de cinq mandats d'administrateur.

Plafond global

Une personne physique ne peut exercer simultanément plus de cinq mandats de directeur général, de membre du directoire, de directeur général unique, d'administrateur et de membre du conseil de surveillance de sociétés anonymes ayant leur siège sur le territoire français, sauf dérogations (qui ne s'appliquent pas dans le cas). M. Rade aura trois mandats d'administrateur et un mandat de DG, donc quatre au total. Il n'atteint pas le plafond global de 5 mandats.

Conclusion

M. Rade peut accepter le poste à Marseille et il pourra recevoir un nouveau mandat dans des SA sur le territoire français.

Il pourra accroître son nombre de mandats s'il se trouve dans le cas de dérogations légales (consulter le manuel sur ce dernier point).

7. Conventions

- L'article L. 225-38 C. com. énonce que toute convention intervenant directement ou par personne interposée entre la société et l'un de ses administrateurs, son directeur général, l'un de ses directeurs généraux délégués, l'un de ses actionnaires disposant d'une fraction des droits de vote supérieure à 10 % ou, s'il s'agit d'une société actionnaire, la société la contrôlant au sens de l'article L. 233-3, doit être soumise à l'autorisation préalable du conseil d'administration.

  Il en est de même des conventions auxquelles une des personnes visées ci-dessus est indirectement intéressé.

  Sont également soumises à autorisation préalable, les conventions intervenant entre la société et une entreprise si l'un des administrateurs, le directeur général, l'un de ses directeurs généraux, est propriétaire, associé indéfiniment responsable, gérant, administrateur, membre du conseil de surveillance de l'entreprise.

  Le renouvellement du contrat de travail du président directeur général est une convention réglementée. Le PDG ne participera pas au vote lors de l'autorisation donnée par le conseil d'administration, ni lors de l'approbation par l'assemblée générale.

- L'art. L. 225-39 C. com. précise que les dispositions de l'art. L. 225-38 ne sont pas applicables aux conventions portant sur des opérations courantes conclues à des conditions normales. Par opération courante on entend une opération liée à l'activité de l'entreprise ; par conditions normales il s'agit des conditions pratiquées habituellement par l'entreprise et dans son secteur d'activité.
  La vente d'un ordinateur au fils du PDG n'entre pas dans le champ d'application des conventions. Les dispositions des articles L. 225-38, L. 225-39, L. 225-43 ne s'appliquent pas, sauf si le fils est une personne interposée.

- L'art. L. 225-43 énonce qu'à peine de nullité du contrat, il est interdit aux administrateurs autres que les personnes morales de contracter sous quelque forme que ce soit :
  – des emprunts auprès de la société ;
  – un découvert, en compte courant ou autrement ;
  – des cautions ou avals consentis par la société pour leur engagement envers les tiers.

  La même interdiction s'applique :
  – au directeur général ;
  – aux directeurs généraux délégués ;
  – aux représentants permanents des personnes morales administrateurs ;
  – aux conjoints, ascendants, descendants des personnes visées ;
  – à toute personne interposée.

  Si la société exploite un établissement bancaire ou financier cette interdiction ne s'applique pas aux opérations courantes de ce commerce, conclues à des conditions normales.
  La caution de la société anonyme donnée par le PDG pour un prêt consenti à sa filiale, la SARL Top, n'entre pas dans le cadre de l'art. L. 225-43 mais de l'art. L. 225-35 al. 4 C. com. qui soumet à autorisation préalable du conseil d'administration les cautions, avals, garanties donnés par les sociétés. Leur montant doit être déterminé et la durée limitée à un an (art. 89 Dt 67).

- L'aval de la SA sur une lettre de change en paiement d'un mobilier de salon acheté par la mère du PDG est une convention interdite en application de l'art. L. 225-43 C. com. L'aval est donc annulable.

8. Tableau comparatif des administrateurs salariés

	Salarié élu administrateur par l'AG	Salarié élu administrateur par les salariés
Texte législatif	Article L. 225-22 C. com.	L. 225-27 à L. 225-34 C. com.
Conditions	• Les statuts n'ont pas à prévoir leur nomination. • Le contrat de travail doit correspondre à un emploi effectif. • Le contrat de travail doit être antérieur au mandat d'administrateur. • Nombre des administrateurs salariés limité au tiers des administrateurs en fonction.	• Les statuts doivent prévoir leur participation au conseil d'administration. • Emploi effectif antérieur à la nomination au CA. • Le salarié doit être titulaire d'un contrat de travail depuis au moins 2 ans. • Nombre maximum 4 ou 5, limité au tiers du nombre des autres administrateurs.
Conséquences	• Durée du mandat statutaire : 6 ans maximum. • Cumul contrat de travail avec le contrat de mandat d'administrateur. • La fin du contrat de travail ne met pas fin au mandat d'administrateur. • Révocation par assemblée générale ordinaire *ad nutum*.	• *Idem.* • *Idem.* • La fin du contrat de travail met fin au mandat d'administrateur. • Régime spécial de révocation. Révocation pour faute. La décision de révocation doit être prise par le président du tribunal de grande instance à la demande de la majorité des membres du conseil d'administration.

9. Composition du directoire

Selon l'art. L. 225-58 C. com. la société anonyme est dirigée par un directoire composé de 5 membres au plus. Lorsque les actions de la société sont admises à la cote officielle d'une bourse de valeurs, leur nombre peut être porté par les statuts à 7. Dans les sociétés anonymes dont le capital est inférieur à un million de francs, les fonctions dévolues au directoire peuvent être exercées par une seule personne.

Composition du directoire selon le montant du capital :
- 37 000 € : 1 minimum (DGU : directeur général unique), 5 maximum ;
- 150 000 € : 2 minimum, 5 maximum ;
- 450 000 € : 2 minimum, 5 maximum ;
- société cotée : 2 minimum, 7 maximum.

10. Révocation de M. Lorne

La nomination d'un membre du directoire est de la compétence du conseil de surveillance mais sa révocation relève de l'assemblée générale ou du conseil de surveillance si les statuts l'ont prévu ; si la révocation est décidée sans juste motif, elle peut donner lieu à dommages-intérêts (art. L. 225-61 al. 1 C. com.). La disposition de l'article L. 225-105 alinéa 3 permettant à l'assemblée générale en toute circonstance de révoquer un ou plusieurs administrateurs ou membres du conseil de surveillance n'est pas applicable aux membres du directoire. Il faudrait donc qu'au cours de cette assemblée générale ordinaire le conseil de surveillance propose la révocation pour que l'assemblée générale la prononce valablement.

Le juste motif : la révocation d'un membre du directoire est libre. La jurisprudence (Angers 22.11.83) a jugé que la divergence de vue sur la gestion entre un membre du directoire et le nouveau groupe majoritaire constitue un juste motif de révocation. Mais si les raisons invoquées sont sans réalité et traduisent une volonté d'écarter à tout prix le dirigeant, ce dernier pourra obtenir des dommages et intérêts.

La révocation ne met pas un terme à son contrat de travail (art. L. 225-61 al. 2 C. com.).

11. Changement d'organisation et mandat d'un dirigeant

Le changement d'organisation d'une SA à directoire en une SA avec conseil d'administration met fin au mandat des dirigeants. Si le changement d'organisation a été décidé dans le seul but de nuire à l'intéressé, M. Paul obtiendra des dommages et intérêts. Sinon, il n'en n'obtiendra pas.

12. Conditions de nomination au poste de membre du directoire

Personne souhaitant un poste de MDD dans la SA Yop	Oui	Non	Commentaires
La société X a 10 % du capital de la société YOP.		X	Seules les personnes physiques peuvent être membre du directoire (art. L. 225-59 al. 3 C. com.).
M. Z est déjà membre du conseil de surveillance de la SA YOP.		X	Incompatibilité (art. L. 225-74 C. com.).
M. Z est salarié de la SA YOP.	X		Si son emploi est effectif et différent des fonctions de membre du directoire, son contrat de travail est une convention réglementée.
M. Z n'a aucune action de la SA YOP.	X		Les membres du directoire peuvent ne pas être actionnaires (art. L. 225-59 al. 2 C. com.).
M. Z a 68 ans.		X	Sauf clause statutaire contraire. Limite d'âge : 65 ans (art. L. 225-60 C. com.)
M. Z est déjà membre du directoire dans une autre SA et président du conseil d'administration d'une autre SA à titre personnel.		X	Il ne doit détenir qu'un mandat de MDD (sauf dérogation) (art. L. 225-67 al. 1 C. com.). Il peut cumuler le mandat de MDD avec celui de PCA (plafond global de 5).
M. Z est déjà membre du CA dans une autre SA au titre de représentant permanent et président du conseil d'administration d'une autre SA à titre personnel.	X		Le nombre de mandats au titre de représentant permanent et de PCA est limité à 5 (sauf dérogation). Le plafond global (ADM ou RP, DG, DGU, MDD, MCS) est limité à 5. Il aura 3 mandats. Il respectera la règle du cumul.

13. Contrat de location

Il s'agit d'un contrat de location qui serait conclu entre la SA Roig et un des membres de son conseil de surveillance. C'est une convention réglementée soumise à l'art. L. 225-86 C. com. Elle doit être soumise à l'autorisation préalable du conseil de surveillance. M. Garo ne prendra pas part au vote sur l'autorisation sollicitée.

Formalités à accomplir

- L'intéressé doit informer le conseil de surveillance.
- Autorisation préalable du conseil de surveillance : l'intéressé ne vote pas.
- Informer le CAC (commissaire aux comptes) dans le délai d'un mois suivant la conclusion du contrat.

Le président du conseil de surveillance devra aviser le commissaire aux comptes de cette convention, lequel rédigera un rapport soumis à l'assemblée générale ordinaire. Cette dernière devra ratifier l'autorisation et le membre du conseil de surveillance ne participera pas au vote, ses actions ne sont pas prises en compte pour le calcul du quorum et de la majorité (art. L. 225-88 al. 4 C. com.).

Cependant on peut considérer ce contrat comme une opération courante car elle permet la réalisation de l'activité sociale de l'entreprise (entreposer les stocks). Le loyer paraît normal, les conditions de contrat peuvent être jugées « normales ». Il s'agit d'une convention libre. Les conventions libres significatives doivent être dorénavant communiquées au président du conseil de surveillance, transmis par le président aux membres du CS et aux CAC (art. L. 225.87 C. com.). On peut penser que cette formalité n'est pas nécessaire compte tenu que ce contrat n'a pas d'implication financière significative.

14. Statut des dirigeants de SA

(Les exceptions au principe général seront précisées en dehors de celui-ci.)

Mandataire	**Actionnaire O/N**	**PP PM**	**Âge limite (à préciser)**	**Nbre de mandats maximum**	**Cumul mandat/ contrat de travail**	**Durée mandat**	**Organe de nomination et de révocation**	
Administrateur	O	PP-PM [2]	non [1]	5 [3]	oui [4]	3 ou 6 ans [5]	AGO	AGO à tout moment
Membre du conseil de surveillance	O	PP-PM [2]	non [1]	5 [3]	oui [6]	3 ou 6 ans [5]	AGO	AGO à tout moment
Président du conseil d'administration	O	PP	65 [7]	5 [3]	oui [4]	6 ans max. [8]	CA	CA à tout moment
Directeur général	N	PP	65	1 [3]	oui	fixée par CA	CA	CA à tout moment pour juste motif
Directeur général délégué	N	PP	65	illimité	oui	fixée par CA	CA sur proposition du DG	CA sur proposition du DG à tout moment pour juste motif
Membre du directoire	N	PP	65 [7]	1 [3]	oui [9]	4 ans [10]	CS	AGO ou CS selon statuts

1. Sauf clause statutaire. Le nombre des administrateurs ayant dépassé l'âge de 70 ans ne peut être supérieur au tiers des administrateurs en fonction (art. L. 225-18 al. 2 C. com.). Toute nomination qui enfreindrait cette règle serait nulle (art. L. 225-19 al. 3. C. com.). Idem pour les MCS.
2. La personne morale nommée administrateur ou membre du CS sera représentée par un représentant permanent librement choisi par elle. Il aura le même statut que l'administrateur (règles qui lui sont applicables : durée mandat, limite d'âge, cumul de mandats, cumul avec un contrat de travail, interdiction, incompatibilité). Mais il n'a pas à être personnellement actionnaire (art. L. 225-21 C. com.).
3. La limitation au cumul des mandats concerne les mandats dans des sociétés anonymes ayant leur siège social sur le territoire français sauf dérogations (se reporter aux paragraphes du manuel).

	Directeur général	Membre du directoire	Directeur général unique	Administrateur	Membre du conseil de surveillance	PCA
Nombre de mandats cumulables	Un			Cinq		
Plafond global	Cinq					

4. • Un administrateur en fonction ne peut obtenir un contrat de travail (art. L. 225-44 C. com.).
   • Un salarié de la société peut devenir administrateur si son contrat de travail correspond à un travail effectif (art. 93 al. 1) et si ce contrat de travail est antérieur à sa nomination en qualité d'administrateur.
   • Le nombre des administrateurs liés à la société par un contrat de travail ne peut dépasser le tiers des administrateurs en fonction. Les administrateurs élus par les salariés ne sont pas comptés pour la détermination du nombre de ces administrateurs (art. L. 225-22 al. 2 C. com.).
5. Durée fixée par les statuts ; elle ne peut excéder : 3 ans pour les premiers administrateurs ou MCS désignés par les statuts ; 6 ans dans les autres cas (art. L. 225-18 al. 1).
   Toute nomination d'une durée supérieure est nulle (art. 90 al. 3). Les administrateurs et MCS sont rééligibles sauf statuts contraires (art. L. 225-18 al. 2).
6. Depuis la loi du 11.02.94, un salarié ayant un emploi effectif peut être MCS. Un MCS en fonction peut conclure un contrat de travail. Leur nombre ne peut dépasser le tiers des membres en fonction.
7. Les statuts doivent fixer une limite d'âge qui peut être inférieure ou supérieure à 65 ans.
8. Le président est nommé pour une durée qui ne peut excéder celle de son mandat d'administrateur. Il est rééligible (art. L. 225-47).
9. À condition que son contrat de travail corresponde à un travail effectif, à des fonctions précises et qu'il soit dans un état de subordination.
10. Les statuts déterminent la durée du mandat du directoire dans des limites comprises entre 2 et 6 ans. À défaut, la durée est de 4 ans (art. L. 225-62 C. com.).

15. Organes compétents dans la SA

- La nomination des membres du CA, du CS : l'assemblée générale ordinaire.
- La convocation des assemblées : le conseil d'administration, le directoire, le conseil de surveillance.
- La fixation des jetons de présence, leur répartition : l'assemblée générale ordinaire pour la fixation, le CA et le CS pour leur répartition.
- L'établissement des comptes annuels : le CA, le directoire.
- L'autorisation des conventions réglementées : le CA, le CS.
- La ratification des conventions réglementées : l'assemblée générale ordinaire.
- Une augmentation de capital : l'assemblée générale extraordinaire.
- L'autorisation d'une caution : le CA, le CS.
- La révocation du PCA : le CA.
- La nomination des membres du directoire, leur révocation : le CS pour la nomination, l'assemblée générale ordinaire pour la révocation ou le CS si les statuts l'ont prévu.
- La cooptation des administrateurs, des membres du conseil de surveillance : le CA, le CS, ratification par AGO.
- L'approbation des comptes annuels : l'assemblée générale ordinaire annuelle.
- La transformation d'une SA avec CA en SA à directoire : l'assemblée générale extraordinaire.
- Le contrôle de la gestion du directoire : le conseil de surveillance, le CAC.

16. L'art. 200 D. 67 précise que pour engager l'action sociale contre les administrateurs, les actionnaires doivent représenter 1/20e du capital social (soit 5 %). Toutefois le montant du capital est dégressif pour les sociétés dépassant 750 000 €, selon le barème suivant :

- 4 % pour les 750 000 € ;
- 2,5 % pour la tranche de capital comprise entre 750 000 € et 7,5 millions d'€ ;
- 1 % pour la tranche de capital comprise entre 7,5 et 15 millions d'€ ;
- 0,5 % pour le surplus du capital.

Une société anonyme au capital de 300 000 € :

300 000 € × 5 % = 15 000 € de détention minimale.

Une société anonyme au capital de 25 000 000 € :

500 000 € × 4 % = 20 000 €

2 000 000 € × 2,5 % = 50 000 €

Détention minimale : 70 000 €.

Une société anonyme au capital de 70 000 000 € :

500 000 € × 4 % = 20 000 €

4 500 000 € × 2,5 % = 112 500 €

2 000 000 € × 1 % = 20 000 €

Détention minimale : 152 500 €.

NB : pour engager l'action sociale *ut singuli*, la loi n'impose pas une détention minimale de capital.

Cas pratiques

1 Merou

1. Succession du président directeur général

Raison du départ

Le président directeur général actuel, Louis Merou, est atteint par la limite d'âge. En effet, l'article L. 225-48 C. com. précise que « lorsqu'un président de conseil d'administration atteint la limite d'âge, il est réputé démissionnaire d'office ». L'article L. 225-48 al. 1 C. com. énonce que « les statuts doivent prévoir pour l'exercice des fonctions de président du conseil d'administration une limite d'âge qui, à défaut d'une disposition expresse, est fixée à 65 ans » et l'art. L. 225-54 pour le directeur général fixe aussi la limite d'âge à 65 ans. Or, M. Merou a 65 ans.

Deux hypothèses sont à envisager :

– les statuts n'ont pas prévu une limite d'âge différente de la limite légale, il faudra pourvoir à son remplacement ;
– les statuts ont prévu une limite d'âge différente (plus élevée dans ce cas), il pourra donc continuer à exercer ces fonctions.

Nomination de Roger Merou

Conditions

- Art. L. 225-47 C. com. : être administrateur de la société anonyme que l'on va diriger et personne physique ; conditions remplies.
- Art. L. 225-25 C. com. : être actionnaire de cette société ; il dispose de 4 350 actions.
- Ne pas être incapable, frappé d'incompatibilité, d'interdiction ou de déchéance ; on peut supposer que Roger Merou, ingénieur, remplit ces conditions.

- Art. L. 225-48 C. com. : ne pas avoir atteint 65 ans ; il a 55 ans.
- Art. L. 225-49 C. com. : ne pas exercer simultanément plus de 5 mandats de président de conseil d'administration de sociétés anonymes ayant leur siège social sur le territoire français (sauf dérogations) R. Merou n'aura qu'un mandat d'administrateur.
- Art. L. 225-54-1 al. 1 nouveau C. com. : ne pas exercer plus d'un mandat de directeur général (sauf dérogation). R. Merou n'aura qu'un mandat de DG.
- L'exercice de la direction générale par un administrateur ne compte que pour un seul mandat : ce sera le cas de Roger Merou.

Modalités

Art. L. 225-47 C. com. : le conseil d'administration élit à la majorité un président parmi ses membres. Formalités de publicité identiques à celles de la nomination d'un administrateur.

Le CA nommera Roger Merou directeur général et PCA. Ainsi il occupera simultanément le poste de PCA et de directeur général qui est une des deux modalités d'exercice de la direction générale d'une SA avec CA depuis la loi du 15.05.2001.

2. Nomination de D. Chaix au poste de chef comptable

D. Chaix est administrateur de la société anonyme Merou. Le problème est celui du cumul du contrat de mandat d'administrateur et d'un contrat de travail dans la même société.

Un administrateur en fonction ne peut conclure un contrat de travail avec la société (cassation 1974). D. Chaix ne pourra donc avoir un contrat de travail avec la SA Merou.

3. L'augmentation de capital

Il s'agit d'une augmentation de capital en numéraire.

Conditions

- Art. L. 225-131 C. com. : le capital doit être intégralement libéré avant toute émission d'actions nouvelles, condition qui devrait être remplie du fait de l'ancienneté de la SA (1956).
- Art. L. 225-131 C. com. : la décision relève de la compétence d'une AGE qui peut déléguer sa compétence au CA depuis l'ord. 24.06.04.
- La libération des apports en numéraire doit être du quart du montant de l'augmentation de capital (25 000 € ici).
- Art. L. 225-131 C. com. : l'augmentation de capital doit être réalisée dans le délai de 5 ans à dater de l'assemblée générale qui l'a décidée ou autorisée.
- Art. L. 225-132 C. com. et art. L. 225-135 C. com. : les actionnaires, proportionnellement au montant de leurs actions, ont un droit préférentiel de souscription que l'assemblée générale extraordinaire peut, en tout ou partie, supprimer. Ce qui devra être le cas ici puisqu'une société souhaite souscrire cette augmentation de capital. Un rapport spécial du CAC sur ce point sera établi.

Procédure

- Art. L. 225-129 C. com. : l'assemblée générale extraordinaire est compétente (sauf délégation de compétence au CA) pour décider, sur le rapport du conseil d'administration, une augmentation de capital. L'assemblée générale extraordinaire peut déléguer au conseil d'administration les pouvoirs nécessaires à l'effet de réaliser l'augmentation de capital en une ou plusieurs fois, d'en fixer les modalités, d'en constater la réalisation et de procéder à la modification corrélative des statuts.

- Les formalités de publicité sont celles inhérentes à toute modification statutaire.

4. Droits des actionnaires dans la gestion de la société

Dans la société anonyme avec conseil d'administration, il appartient au directeur général (art. L. 225-51-1 nouveau C. com.) et au conseil d'administration (art. L. 225-35 modifié) de gérer la société, mais la loi permet aux actionnaires d'y participer par un droit à l'information et par leur pouvoir de décision en AG.

Droit à l'information

- Art. L. 225-108 C. com. : droit de poser des questions écrites dans la période précédant la tenue de l'assemblée sans détention d'un minimum de capital.
- Art. L. 225-232 C. com. : droit de poser des questions écrites, deux fois par an, sur tout fait de nature à compromettre la continuité de l'exploitation si l'on possède 5 % au moins du capital.
- Présentation (et non plus « lecture ») du rapport de gestion du CA aux actionnaires lors de l'assemblée générale de clôture de l'exercice (art. L. 225-100 al. 2 et L. 232-1).

  Ce rapport expose la situation de la société durant l'exercice écoulé, son évolution, les événements importants.

  Ce rapport devra comprendre la liste de l'ensemble des mandats et fonctions exercés par chacun des mandataires sociaux de la société dans toute société durant l'exercice (art. L. 225-102-1 C. com.).

  Ce rapport devra aussi rendre compte de la rémunération totale et des avantages de toute nature versés par la société durant l'exercice à chacun de ses mandataires sociaux ainsi que leurs rémunérations et avantages perçus dans des sociétés contrôlées par celle-ci (art. L. 225-102-1 al. 1 et 2 C. com.).

  Le rapport sur les conditions de préparation et d'organisation des travaux du conseil, des procédures de contrôle interne mises en place par la société et des éventuelles limitations que le conseil d'administration apporte aux pouvoirs du directeur général doit être joint au rapport de gestion (art. L. 225-37 al. 6 C. Com.). Ce rapport est supprimé dans les sociétés ne faisant pas appel public à l'épargne (loi du 26.07.2005).
- Un rapport spécial doit informer chaque année l'assemblée générale ordinaire des plans d'option mis en œuvre (stock-options) (art. L. 225-184, al. 2).
- Art. 138 D. 67 : informations adressées aux actionnaires qui en font la demande avant la réunion de l'assemblée générale, identiques à celles qui doivent accompagner toute demande de procuration de la société à ses actionnaires, à savoir : ordre du jour, texte des projets de résolution, exposé de la situation de la société avec tableaux de résultats, formule de demande d'envoi des documents et renseignements, liste des administrateurs, etc. (art. 133 et 135 D. 67).
- Art. 39 et 140 D. 67 : informations disponibles au siège social avant la réunion de l'assemblée générale.
- Art. L. 225-117 C. com. : informations disponibles en permanence au siège social, concernant les trois derniers exercices, ainsi que les procès-verbaux et feuilles de présence des assemblées tenues au cours des trois derniers exercices.

- Art. L. 225-135 C. com. : tout actionnaire a droit d'obtenir communication (sous conditions) de l'inventaire, des comptes annuels, de la liste des administrateurs, des rapports du conseil d'administration...
- Art. L. 225-231 C. com. : droit de demander en justice la désignation d'un expert chargé de présenter un rapport sur une ou plusieurs opérations de gestion sous réserve de détention de 5 % au moins du capital.

Pouvoir de décision

Article 1844 du Code civil : tout associé a le droit de participer aux décisions collectives. La loi prévoit quatre types d'assemblées : assemblée générale ordinaire, assemblée générale extraordinaire, assemblée générale spéciale, assemblée générale constitutive. Dans la société anonyme, les statuts ne peuvent plus exiger un nombre minimal d'actions pour ouvrir le droit de participer à l'assemblée générale ordinaire.

L'assemblée générale ordinaire doit se réunir au moins une fois par an dans les six mois de la clôture de l'exercice (art. L. 225-100 C. com.), au cours de laquelle les actionnaires délibèrent sur les comptes annuels, et prennent toutes les décisions autres que celles qui relèvent de la compétence de l'assemblée générale extraordinaire (art. L. 225-98 C. com.).

Outre l'approbation des comptes annuels et l'affectation du résultat, les associés, lors de l'assemblée générale ordinaire, vont nommer et révoquer les membres du conseil d'administration, ratifier la nomination des membres cooptés, fixer leur rémunération et désigner le(s) commissaire(s) aux comptes.

Les actionnaires ont compétence, dans le cadre de l'assemblée générale ordinaire, pour approuver les conventions réglementées, autoriser les émissions d'obligations ainsi que la constitution de sûretés.

Tout actionnaire a le droit de demander en justice la désignation d'un mandataire chargé de convoquer l'assemblée, en cas d'urgence (art. L. 225-103 C. com.), et demander l'inscription d'une question à l'ordre du jour de l'assemblée s'il dispose de 5 % du capital (art. L. 225-105 C. com. et art. 128 D. 67).

Enfin, des dispositions statutaires peuvent accroître les droits des actionnaires en subordonnant certaines opérations à l'autorisation de l'assemblée générale ordinaire.

5. Prêt consenti par la société à un administrateur

À peine de nullité du contrat, il est interdit aux administrateurs autres que les personnes morales de contracter, sous quelque forme que ce soit, des emprunts auprès de la société, de se faire consentir par la société un découvert en compte courant ou autrement, ainsi que de se faire cautionner ou avaliser par elle leurs engagements envers les tiers (art. L. 225-43 al. 1 C. com.).

La convention passée avec Pierre Merou, administrateur personne physique, est donc interdite. Elle est frappée d'une nullité absolue dont la prescription est de 30 ans. Pierre Merou devra restituer la somme de 11 000 € à la société.

Il peut aussi y avoir une sanction pénale : usage abusif des biens ou du crédit de la société (art. L. 242-6-3° C. com.).

6. Caution de la SA Merou à sa filiale, la SARL Provençale de pêche

Les cautions, avals et garanties donnés par des sociétés autres que celles exploitant des établissements bancaires ou financiers doivent être autorisés par le conseil d'administration (L. 225-35, al. 4). Le conseil d'administration peut, dans la limite d'un montant qu'il fixe, autoriser le président à donner des cautions, avals ou garanties au nom de la société. La durée des autorisations ne peut être supérieure à 1 an, quelle que soit la durée des engagements cautionnés, avalisés ou garantis.

En l'espèce, Louis Merou doit demander l'autorisation du conseil d'administration de la SA Merou ; si ce dernier accepte, la caution pourra être donnée.

2 Gladys

1. Transfert du siège social de la SA Gladys

Le déplacement du siège social dans le même département ou dans un département limitrophe peut être décidé par le conseil d'administration sous réserve de ratification de cette décision par la prochaine assemblée générale ordinaire (art. L. 225-36 C. com.).

En l'espèce, la décision du conseil d'administration est valable puisqu'il s'agit d'un transfert dans un même département, celui de la Seine : du 8e arrondissement de Paris au 17e. Mais il faut faire ratifier cette décision par la prochaine assemblée générale ordinaire et publier la modification au RCS. Si l'assemblée ne ratifiait pas le transfert, la décision du conseil deviendrait caduque.

2. Cumul du mandat d'administrateur avec un contrat de travail

Il est interdit à un administrateur en fonction de recevoir de la société des rémunérations, permanentes ou non, autres que les suivantes : jetons de présence, rémunérations exceptionnelles pour des missions qui lui sont confiées, rémunération en qualité de PCA, rémunération en qualité de directeur général (art. L. 225-44 C. com.).

Il ne peut donc pas recevoir un salaire et il ne peut pas cumuler son mandat d'administrateur avec un contrat de travail.

La solution serait de démissionner de son poste d'administrateur, de conclure un contrat de travail (sous réserve de remplir les conditons de l'art. L. 225-22 C. com.) et ensuite de se faire élire à nouveau au conseil d'administration.

3. Cooptation d'un administrateur

En cas de vacance par décès ou par démission d'un ou plusieurs sièges d'administrateur, le conseil d'administration peut, entre deux assemblées générales, procéder à des nominations à titre provisoire (art. L. 225-24 al. 1 C. com.).

Lorsque le nombre des administrateurs est devenu inférieur au minimum statutaire (ici 13 au lieu de 14 minimum statutaire, selon l'art. 25 des statuts de la SA Gladys) sans toutefois être inférieur au minimum légal qui est de 3, le conseil d'administration **doit procéder** à des nominations à titre provisoire en vue de compléter son effectif dans le délai de trois mois à compter du jour où se produit la vacance (art. L. 225-24 al. 3 C. com.).

Le conseil d'administration de la SA Gladys doit nommer un administrateur à titre provisoire dans le délai de 3 mois à dater du décès (le 1er février) de M. Tilbon. La nomination effectuée par le conseil doit être soumise à ratification de la plus prochaine assemblée ordinaire. À défaut de ratification, les délibérations prises et les actes accomplis antérieurement par le conseil n'en demeurent pas moins valables (art. L. 225-24 al. 4 C. com.).

Quand le conseil néglige de nommer, tout intéressé peut demander en justice la désignation d'un mandataire chargé de convoquer l'asemblée générale, à l'effet de procéder à la nomination (art. L. 225-24 al. 5 C. com.).

4. Participation d'un actionnaire aux assemblées

Participation aux assemblées générales ordinaires

Les statuts ne peuvent plus exiger un nombre minimal d'actions pour participer aux assemblées depuis la loi du 15.05.2001.

Le maintien de cette clause dans les statuts est contraire à la disposition d'ordre public de l'article 1844 al. 1 du Code civil selon lequel tout associé a le droit de participer aux décisions collectives et l'article 1844-10 al. 2 qui précise que les clauses statutaires contraires sont réputées non écrites. L'article 34 des statuts est illégal, il sera réputé non écrit, on ne pourra pas l'appliquer.

Participation aux assemblées générales extraordinaires

Tout actionnaire peut participer aux assemblées générales extraordinaires. Toute clause contraire est réputée non écrite.

Dans le cas l'article 35 des statuts est illégal. Il est réputé non écrit, on lui substitue la règle légale et tout actionnaire quel que soit le nombre d'actions détenues pourra participer aux assemblées générales extraordinaires.

8 La SA : assemblées, contrôle, dissolution

Tests

1. Conditions d'accès aux assemblées générales

Tout associé a le droit de participer aux décisions collectives.

Ce droit peut être exercé par l'actionnaire lui-même ou par un représentant (légal ou conventionnel) selon des conditions prévues par la loi ou les statuts.

La loi de 2001 a supprimé la possibilité de subordonner dans les statuts le droit de participer aux assemblées générales d'actionnaires à la détention d'un nombre minimal d'actions.

Seront réputés présents pour le calcul du quorum et de la majorité les actionnaires qui participent à l'assemblée par visioconférence ou par des moyens de télécommunication internet lorsque les statuts en auront prévu la possibilité.

Quand un comité d'entreprise existe, deux membres du comité d'entreprise peuvent assister aux assemblées générales.

2. Peut-on interdire l'accès aux AG aux conseils des associés ou dirigeants (avocats, experts-comptables) ?

Oui. Seul le bureau dans la société anonyme peut autoriser ou interdire l'accès aux assemblées générales à un avocat ou un journaliste choisi par un associé pour l'assister. Cependant, le juge peut autoriser cette présence.

3. Détention du droit de vote dans les assemblées générales

Les actionnaires, propriétaires d'actions, ont le droit de vote, obligatoirement proportionnel à la quotité de capital souscrit. Toute clause contraire est réputée non écrite.

Les détenteurs de certificats de droit de vote participent également au vote en assemblées.

Cependant, des exceptions législatives privent l'actionnaire de son droit de vote :
- lors de l'approbation d'un apport en nature, de l'octroi d'un avantage particulier, l'apporteur ou le bénéficiaire est privé du droit de vote ;
- lors du vote d'une convention réglementée, l'actionnaire intéressé ne vote pas ;
- les statuts peuvent prévoir la création d'actions à dividende prioritaire sans droit de vote ;
- quand l'action est grevée d'usufruit, le droit de vote appartient à l'usufruitier en AGO, au nu-propriétaire en AGE ; toutefois, les statuts peuvent modifier cette répartition. Le nu-propriétaire doit toujours être convoqué à l'AG ;
- quand les actions sont en indivision, c'est le mandataire représentant l'indivision qui participera et votera en AG.

4. Représentation des actionnaires en assemblée

Les personnes physiques sont représentées par le titulaire de l'action. Un actionnaire peut se faire représenter par un autre actionnaire ou par son conjoint.

Les personnes morales actionnaires sont représentées par des personnes physiques qui ont reçu le pouvoir de les représenter.

Les actionnaires incapables mineurs ou majeurs sont représentés par leur représentant légal.

5. Inscription de nouvelles résolutions à l'ordre du jour d'une assemblée par les actionnaires

Un ou plusieurs actionnaires représentant au moins 5 % du capital ou une association d'actionnaires ont la faculté de requérir l'inscription à l'ordre du jour de projets de résolution qui devront être obligatoirement inscrits, sous réserve de les avoir adressés 25 jours au moins avant la date de l'assemblée.

Le pourcentage de 5 % est réduit selon un barème dégressif quand le capital de la société est supérieur à 750 000 €.

6. Cas de nullités des assemblées générales

Non-convocation dans les formes prévues par les statuts ou la loi.

Assemblée générale tenue alors que les règles de quorum et de majorité ne sont pas respectées.

Absence de feuille de présence.

7. Organe chargé de convoquer les AG, forme de la convocation et délai de convocation

Organe compétent

L'assemblée générale est convoquée par le conseil d'administration ou le directoire.

À défaut, elle peut être également convoquée :

– par les commissaires aux comptes ;
– par un mandataire, désigné en justice, à la demande, soit de tout intéressé en cas d'urgence, soit d'un ou plusieurs actionnaires réunissant au moins 5 % du capital social, soit d'une association d'actionnaires, soit à la demande du comité d'entreprise ;
– par les liquidateurs ;
– par les actionnaires majoritaires en capital ou en droits de vote après une offre publique d'achat ou d'échange, ou après une cession d'un bloc de contrôle ;

Dans la SA à directoire, elle peut être convoquée par le conseil de surveillance.

Le comité d'entreprise peut demander en justice la désignation d'un mandataire chargé de convoquer l'assemblée générale des actionnaires en cas d'urgence.

Forme de la convocation

Par lettre de convocation si les actions sont nominatives.

Par un avis publié dans un JAL dans les autres cas.

Délai de convocation

Le délai entre la date, soit de l'insertion ou de la dernière insertion contenant un avis de convocation, soit de l'envoi des lettres, et la date de l'assemblée est au moins de : 15 jours sur première convocation ; 6 jours sur convocation suivante.

En cas d'ajournement de l'assemblée par décision de justice, le juge peut fixer un délai différent.

8. Assemblée compétente pour prendre les décisions suivantes

- Nommer les administrateurs, les membres du conseil de surveillance : l'AGO.
- Approuver les comptes annuels : l'AGO.
- Affecter les résultats de l'exercice : l'AGO.
- Transformer la SA avec conseil d'administration en SA à directoire : l'AGE.
- Augmenter le capital : l'AGE ou le CA ou le directoire sur délégation de compétence de l'AGE.
- Réduire le capital : l'AGE.
- Changer la nationalité de la société : l'AGE.
- Transformer la SA en SARL : l'AGE.
- Fixer les jetons de présence des administrateurs : l'AGO.
- Ratifier les conventions réglementées : l'AGO.
- Dissoudre la société : l'AGE.

9. Désignation, récusation et révocation des commissaires aux comptes

Désignation

Par les statuts, par l'assemblée générale ordinaire de constitution ou par la première assemblée qui nomme les organes de direction et de contrôle de la société. Ils sont désignés par un vote de la majorité ordinaire des associés. Le renouvellement du mandat se fait par une assemblée générale ordinaire.

Récusation (refuser de reconnaître la compétence d'un commissaire aux comptes régulièrement nommé)

Un ou plusieurs actionnaires représentant au moins 5 % du capital social, l'association d'actionnaires, le comité d'entreprise, le ministère public et, dans les sociétés faisant publiquement appel à l'épargne, l'AMF, peuvent demander en justice la récusation pour juste motif d'un ou plusieurs commissaires aux comptes désignés par l'assemblée générale.

S'il est fait droit à la demande, un nouveau commissaire aux comptes est désigné en justice. Il demeure en fonction jusqu'à l'entrée en fonction du commissaire aux comptes désigné par l'assemblée générale.

Révocation

En cas de faute ou d'empêchement, les commissaires aux comptes peuvent, à la demande du conseil d'administration, du directoire, du comité d'entreprise, d'un ou plusieurs actionnaires représentant au moins 5 % du capital social ou de l'assemblée générale, être relevés de leurs fonctions avant l'expiration normale de celles-ci, par décision de justice.

10. Missions du commissaire aux comptes

Selon l'art. L. 225-235 C. com., il doit :

- vérifier les valeurs et documents comptables de la société ;
- contrôler la conformité de sa comptabilité avec les règles en vigueur ;
- vérifier la sincérité et la concordance avec les comptes des informations données dans le rapport de gestion du conseil d'administration ou du directoire et dans les documents adressés aux actionnaires sur la situation financière de la société ;
- vérifier la sincérité et la concordance avec les comptes consolidés des informations données dans le rapport de gestion du groupe ;
- contrôler le respect de l'égalité entre actionnaires ;
- certifier que les comptes annuels sont réguliers et sincères et donnent une image fidèle du résultat des opérations de l'exercice écoulé ainsi que de la situation financière et du patrimoine de la société à la fin de cet exercice ;
- certifier les comptes consolidés éventuels.

De plus, il doit :

- informer du résultat de ses investigations les dirigeants sociaux ;
- informer les actionnaires par l'intermédiaire des divers rapports qu'ils doivent établir : rapport général, rapport spécial sur les conventions réglementées lors d'AGO ; rapports spéciaux au cours d'assemblées extraordinaires sur la suppression du droit préférentiel, sur la réduction du capital, en cas de transformation de la société, en cas de fusion… ;
- révéler les faits délictueux au procureur de la République ;
- informer le président du conseil d'administration ou du directoire des faits de nature à compromettre la continuité de l'exploitation (alerte).

11. Procédure d'alerte déclenchée par le commissaire aux comptes

Lorsque le commissaire aux comptes d'une société anonyme relève, à l'occasion de l'exercice de sa mission, des faits de nature à compromettre la continuité de l'exploitation, il en informe le PCA ou le directoire.

Les étapes de la procédure sont les suivantes :

Phases	Responsables	Procédure
Phase 1	CAC	• Connaissance des faits • Information du PCA ou du président du directoire • Demande d'explication
	PCA ou Pt du directoire	• Réponse sous 15 jours

Si le CAC considère que la continuité de l'exploitation est toujours compromise
ou
si le dirigeant ne répond pas

↓

Phase 2	CAC	• Demande de délibération du CA ou du CS, copie envoyée au président du tribunal de commerce
	PCA ou Pt du directoire	• Convocation du CA ou CS
	CA ou CS	• Délibération en présence du CAC
	PCA ou Pt du directoire	• Envoi d'un extrait de la délibération au comité d'enteprise
	CAC	• Information du président du tribunal de commerce

Si le CAC considère que la continuité de l'exploitation est toujours compromise
ou
si la délibération n'a pas lieu

↓

Phase 3	CAC	• Établissement d'un rapport spécial pour les actionnaires • Communication du rapport au CE ou au délégués du personnel
	CA, directoire, CAC	• Convocation AG • Délibération AG

Si le CAC considère que la délibération de l'AG ne permet pas la continuité de l'exploitation

↓

Phase 4	CAC	Information du président du tribunal de commerce sur ses démarches et ses résultats

12. Moyens dont dispose le commissaire aux comptes

À toute époque de l'année, le commissaire aux comptes opère toutes vérifications et tous contrôles qu'il juge opportuns et peut se faire communiquer sur place toutes les pièces qu'il estime utiles à l'exercice de sa mission et notamment tous contrats, livres, documents comptables et registres de procès-verbaux. Les investigations peuvent être faites tant auprès de la société que des sociétés mères ou filiales.

Il peut aussi recueillir toutes informations utiles auprès des tiers qui ont accompli des opérations pour le compte de la société.

Il doit être convoqué à la réunion du conseil d'administration ou du directoire, qui arrête les comptes de l'exercice écoulé ainsi qu'à toutes les assemblées d'actionnaires.

À défaut de convocation par les dirigeants le commissaire aux comptes peut convoquer les assemblées.

13. Responsabilité du commissaire aux comptes

Dans l'exercice de son mandat il encourt :

- une responsabilité civile, à l'égard de la société et des tiers, pour les conséquences dommageables de ses fautes ou négligences commises dans l'exercice de ses fonctions. Il est aussi responsable des infractions commises par les administrateurs ou les membres du directoire lorsque, en ayant eu connaissance, il ne les a pas révélées dans son rapport à l'assemblée générale ;
- l'action en responsabilité doit être portée devant le tribunal de grande instance. Elle se prescrit par trois ans à compter de la date du fait dommageable ou de sa révélation s'il a été dissimulé ;
- une responsabilité pénale pour :
  - rapport incomplet,
  - informations mensongères sur la situation de la société,
  - indications inexactes en cas de suppression du droit préférentiel de souscription,
  - non-révélation de faits délictueux au procureur de la République,
  - violation du secret professionnel ;
- une responsabilité disciplinaire :
  - avertissement ou réprimande,
  - suspension,
  - radiation,

  prononcés par la chambre de discipline de la commission régionale d'inscription du commissaire aux comptes.

14. Autres organes chargés du contrôle dans les SA

- Les assemblées d'actionnaires.
- Les administrateurs et le PCA (dans la société anonyme classique).
- Le conseil de surveillance (dans la société anonyme à directoire).
- Les experts nommés par le tribunal à la demande des actionnaires représentant au moins 5 % du capital, pour donner leur appréciation sur une ou plusieurs opérations de gestion.

15. Droits d'un actionnaire selon sa détention de capital

Un actionnaire détenant :

- *une action,* a droit à communication des documents sociaux avant toute assemblée et à toute époque, sur trois exercices ; il peut participer aux AGE et AGO sans restrictions, poser par écrit des questions au CA ou au directoire avant l'assemblée, s'opposer à la transformation de la société en SNC, société civile ou société en commandite, demander la désignation d'un mandataire en justice chargé de convoquer l'assemblée des actionnaires en cas d'urgence, de s'opposer au changement de nationalité ; il a droit au dividende, aux réserves, au remboursement de son apport ou à sa reprise, au boni de liquidation, à la cession, transmission, nantissement de ses titres ;
- *5 % du capital,* a le droit de demander l'inscription de projets de résolution à l'ordre du jour des assemblées générales, d'exercer l'action sociale contre les administrateurs ou les membres du directoire, de créer une association d'actionnaires ; il a le droit de poser des questions par écrit deux fois par exercice sur tout fait de nature à compromettre la continuité de l'exploitation (droit d'alerte), de demander en justice la désignation d'un mandataire chargé de convoquer l'assemblée générale des actionnaires, de demander la nomination d'un expert de gestion, de demander la récusation ou la révocation des commissaires aux comptes nommés par l'assemblée générale et leur remplacement ;
- *plus de 25 %,* a le droit de s'opposer à la transformation d'une SA en SARL ;
- *plus du tiers du capital,* peut s'opposer aux modifications statutaires : il a la minorité de blocage ;
- *50 % du capital,* peut s'opposer à toutes les décisions sociales collectives ;
- *2/3 du capital,* peut prendre les décisions extraordinaires ;
- *100 % :* est seul actionnaire ; il doit régulariser la situation et trouver 6 actionnaires car la dissolution de la société peut être prononcée par le tribunal de commerce à la demande de tout intéressé, après l'expiration d'un délai d'un an. Le tribunal saisi d'une demande de dissolution peut accorder à la société un délai pour régulariser la situation.

16. Prolongation du délai pour la tenue de l'assemblée générale ordinaire annuelle

L'assemblée générale ordinaire doit être réunie au moins une fois par an, dans les six mois de la clôture de l'exercice, en vue de l'approbation des comptes de l'exercice écoulé, sous réserve de prolongation de ce délai par décision de justice.

Le délai de six mois peut être prolongé, à la demande du conseil d'administration ou du directoire, par ordonnance du président du tribunal de commerce statuant sur requête.

- *Les raisons de la demande de prolongation* : l'impossibilité de respecter le délai de six mois due à des difficultés techniques dans l'élaboration des grands livres et des documents comptables liées à l'absence du PCA.

- *Les conditions de la requête* : une demande en justice auprès du président du tribunal de commerce doit être faite par le CA ou le directoire. La requête doit être présentée avant l'expiration du délai de six mois selon un arrêt de la Cour de cassation du 04.07.1995 ; dans le cas, la demande est formulée avant l'expiration du délai de 6 mois par le PCA (le délai expirant le 30 septembre, la demande est faite le 10 septembre).

Cas pratiques

1 Air Liquide

Il s'agit d'un formulaire de vote par correspondance des actionnaires de société anonyme.

1. Procuration (cases 1 et 3)

À défaut d'assister personnellement à l'assemblée, l'actionnaire peut :

- soit se faire représenter par un autre actionnaire ou son conjoint ;
- soit voter par correspondance (ou par visioconférence si les statuts le prévoient) ;
- soit renvoyer le formulaire sans indiquer de mandataire (il donne mandat au président).

« Un actionnaire peut se faire représenter par un autre actionnaire ou par son conjoint. Tout actionnaire peut recevoir les pouvoirs émis par d'autres actionnaires en vue d'être représenté à une assemblée sans autres limites que celles résultant des dispositions légales ou statutaires fixant le nombre maximal des voix dont peut disposer une même personne, tant en son nom personnel que comme mandataire.

Les clauses contraires aux dispositions des alinéas précédents sont réputées non écrites.

Pour toute procuration d'un actionnaire sans indication de mandataire, le président de l'assemblée générale émet un vote favorable à l'adoption des projets de résolution présentés ou agréés par le conseil d'administration ou le directoire, selon le cas, et un vote défavorable à l'adoption de tous les autres projets de résolution. Pour émettre tout autre vote, l'actionnaire doit faire choix d'un mandataire qui accepte de voter dans le sens indiqué par le mandant. »

2. Vote par correspondance (case 2)

« Tout actionnaire peut voter par correspondance au moyen d'un formulaire, dont les mentions sont fixées par décret. Les dispositions contraires des statuts sont réputées non écrites.

Pour le calcul du quorum, il n'est tenu compte que des formulaires qui ont été reçus par la société avant la réunion de l'assemblée, dans des conditions de délais fixées par décret. Les formulaires ne donnant aucun sens de vote ou exprimant une abstention sont considérés comme des votes négatifs. »

Selon la réglementation, s'abstenir équivaut à voter « non ». De même, selon cette réglementation, ne pas indiquer de sens de vote équivaut à voter « non ».

Avantages du système

Participation plus grande des actionnaires (notamment des petits porteurs) qui ne peuvent se déplacer. Amélioration du droit des actionnaires.

Inconvénients du système

Coût élevé : frais des formulaires et coût de leur traitement (distribution, centralisation et dépouillement des réponses). Délai de dépouillement long.

2 Bouvreuil

Calendrier des opérations dans l'hypothèse où l'assemblée générale ordinaire annuelle va se tenir le plus tard possible :

Opérations	Date limite
• Clôture des comptes	31.12.N
• Arrêt des comptes annuels par le conseil d'administration	31.03.N + 1
• Convocation du conseil d'administration	01.05.N + 1
• Mise à disposition du commissaire aux comptes des comptes	15.05.N + 1
• Réunion du conseil d'administration arrêtant les comptes	15.05.N + 1
• Convocation du commissaire à l'assemblée générale ordinaire annuelle	15.06.N + 1
• Convocation des associés à l'assemblées générale ordinaire annuelle	15.06.N + 1
• Assemblée générale ordinaire annuelle	30.06.N + 1
• Publicité des comptes au greffe	31.07.N + 1

3 Oberson

Principales incompatibilités pour exercer les fonctions de commissaire aux comptes

Les fonctions de commissaire aux comptes sont incompatibles :
- avec toute activité ou tout acte de nature à porter atteinte à son indépendance ;
- avec tout emploi salarié, mais il peut dispenser un enseignement se rattachant à l'exercice de sa profession ou occuper un emploi rémunéré chez un commissaire aux comptes ou chez un expert-comptable ;
- avec toute activité commerciale, qu'elle soit exercée directement ou par personne interposée.

À ces incompatibilités générales s'ajoutent les suivantes :

1° les fondateurs, apporteurs en nature, bénéficiaires d'avantages particuliers, administrateurs ou, le cas échéant, membres du directoire ou du conseil de surveillance de la société ou de ses filiales telles qu'elles sont définies par l'art. 233-1 ;

2° les parents et alliés, jusqu'au quatrième degré inclusivement, des personnes visées précédemment (*1°*) ;

3° les administrateurs, les membres du directoire ou du conseil de surveillance, les conjoints des administrateurs ainsi que, le cas échéant, des membres du directoire ou du conseil de surveillance des sociétés possédant le dixième du capital de la société ou dont celle-ci possède le dixième du capital ;

4° les personnes qui, directement ou indirectement ou par personne interposée, reçoivent de celles qui sont mentionnées au *1°*, de la société ou de toute société à laquelle s'applique le *3°* ci-dessus, un salaire ou une rémunération quelconque à raison d'une autre activité que celle de commissaire aux comptes ; cette disposition ne s'applique ni aux activités professionnelles complémentaires effectuées à l'étranger, ni aux missions particulières de révision effectuées par le commissaire aux comptes pour le compte de la société dans les sociétés comprises dans la consolidation ou destinées à entrer dans le champ de cette dernière. Les commissaires aux comptes peuvent recevoir des rémunérations de la société pour des missions temporaires, d'objet limité, et entrant dans le cadre de leurs fonctions, dès lors que ces missions leur sont confiées par la société à la demande d'une autorité publique ;

5° les sociétés de commissaires, dont l'un des associés, actionnaires ou dirigeants, se trouve dans une des situations prévues aux alinéas précédents ;

6° les conjoints des personnes qui, en raison d'une activité autre que celle de commissaire aux comptes, reçoivent soit de la société, soit des administrateurs, des membres du directoire ou du conseil de surveillance, soit des sociétés possédant le dixième du capital de la société ou dont celle-ci possède le dixième du capital, un salaire ou une rémunération en raison de l'exercice d'une activité permanente ;

7° les sociétés de commissaires aux comptes dont soit l'un des dirigeants, soit l'associé ou actionnaire exerçant les fonctions de commissaire aux comptes au nom de la société, à son conjoint qui se trouve dans l'une des situations prévues au *6°*.

L'art. 225-225 précise aussi que les commissaires aux comptes ne peuvent être nommés administrateurs, directeurs généraux ou membres du directoire des sociétés qu'ils contrôlent, moins de cinq années après la cessation de leurs fonctions. La même interdiction est applicable aux associés, actionnaires ou dirigeants d'une société de commissaires aux comptes.

Pendant le même délai, ils ne peuvent exercer les mêmes fonctions dans les sociétés possédant 10 % du capital de la société contrôlée par eux ou dont celle-ci possède 10 % du capital lors de la cessation des fonctions du commissaire.

M. Justinien, commissaire aux comptes de la SA Oberson

Le fait que M. Justinien soit client de la SA Oberson n'est pas une cause d'incompatibilité prévue par la loi.

Sa qualité de gendre n'entre pas dans les cas d'incompatibilité prévus par la loi mais les règles déontologiques de la profession précisent que le commissaire aux comptes doit refuser toute mission pour laquelle son indépendance pourrait être mise en doute.

M. Justinien, expert-comptable de la SA Oberson

Il pourra être l'expert-comptable de cette société mais, dans ce cas, il ne pourra pas en être le commissaire aux comptes.

4 Léguian

Dans le mois qui suit la conclusion d'une convention réglementée, le PCA doit en informer le CAC.

L'achat d'un immeuble à une SARL dont le gérant est actionnaire ne détenant pas plus de 5 % du capital de la SA n'est ni une convention réglementée ni une convention libre. Le PCA n'a pas à informer le CAC car le régime des conventions ne trouve pas ici une application.

9 La SA : augmentation, réduction, amortissement du capital

Tests

1. Augmentation de capital

L'augmentation de capital est de la compétence d'une assemblée générale extraordinaire ou du CA ou du directoire si l'AGE lui a délégué sa compétence.

a) Règles de majorité et de quorum nécessaires

Opérations	Quorum	Majorité
Augmentation de capital par apport en numéraire ou en nature	L'AGE ne délibère valablement que si les actionnaires présents ou représentés possèdent au moins : – sur 1re convocation : le **quart** des actions ayant le droit de vote ; – sur 2e convocation : le **cinquième** ;	L'AGE statue à la majorité des **deux tiers** des voix dont disposent les actionnaires présents ou représentés
Augmentation de capital par incorporation de réserves, bénéfices ou primes d'émission	Sur 1re convocation : un **cinquième** des votes ou plus si la société ne fait pas appel public à l'épargne Sur 2e convocation : **aucun**	L'AGE statue à la **majorité** des voix dont disposent les actionnaires présents ou représentés

b) et c) Le droit préférentiel de souscription

Les actionnaires ont, proportionnellement au montant de leurs actions, un droit de préférence à la souscription des actions de numéraire émises pour réaliser une augmentation de capital. Toute clause contraire est réputée non écrite.

Pendant la durée de la souscription, ce droit est négociable lorsqu'il est détaché d'actions elles-mêmes négociables.

Les actionnaires peuvent renoncer à titre individuel à leur droit préférentiel.

L'assemblée qui décide ou autorise une augmentation de capital peut supprimer le droit préférentiel de souscription pour la totalité de l'augmentation de capital ou pour une ou plusieurs tranches de cette augmentation.

Le droit préférentiel de souscription permet l'égalité de traitement entre actionnaires, la possibilité aux actionnaires anciens de maintenir leur quote-part dans le capital après l'augmentation. Ils peuvent éviter ainsi les changements de contrôle en utilisant leur droit préférentiel de souscription.

Mais la loi prévoyant son éventuelle suppression voulue ou votée par les actionnaires, ils pourront perdre dans ce cas le contrôle de la société, par l'arrivée de nouveaux actionnaires souscrivant à l'augmentation de capital.

d) Prime d'émission et affectation

Les actions nouvelles représentatives d'apports en numéraire ou d'apports en nature peuvent être émises à leur montant nominal majoré d'une prime d'émission.

La prime d'émission est constituée du prix d'émission sur la valeur nominale des actions attribuées à l'apporteur.

La prime d'émission a pour but d'égaliser les droits des actionnaires anciens et nouveaux lorsqu'il existe des réserves ou des plus-values d'actif apparentes ou occultes. Elle est la contrepartie des droits que les actionnaires nouveaux acquièrent sur ces réserves de plus-values.

La prime d'émission doit être intégralement libérée lors de la souscription.

Les primes d'émission seront versées à la société et leur montant est comptabilisé au passif du bilan, compte « prime d'émission ». Elles constituent une sorte de réserve bien qu'elles soient analysées comme des compléments d'apports.

e) Augmentation du capital et libération du capital ancien

Le capital doit être intégralement libéré avant toute émission d'actions nouvelles en numéraire, à peine de nullité de l'opération.

Cette règle ne vise que l'augmentation de capital en numéraire et l'augmentation de capital par compensation de créances.

La libération intégrale du capital ancien n'est pas exigée quand il s'agit d'une augmentation de capital par apport en nature.

f) Formalités en cas d'augmentation de capital par compensation de créances

En cas de libération d'actions par compensation de créances sur la société, ces créances devront faire l'objet :

- d'un arrêté de comptes établi par le conseil d'administration ou le directoire ;
- cet arrêté de comptes doit être certifié exact par le commissaire aux comptes (art. 166 Dt 67).

g) Souscription à titre irréductible et à titre réductible :

- à titre irréductible : les actionnaires ont le droit de souscrire à une augmentation de capital à proportion de leurs droits antérieurs sans que l'on puisse réduire cette proportion,
- à titre réductible : les titres non souscrits pourront être répartis entre les actionnaires qui désirent souscrire à l'augmentation, dans la limite des titres non souscrits.

h) Sanctions d'une augmentation de capital irrégulière

- Nullité de l'augmentation de capital par apports en numéraire si le capital ancien n'est pas intégralement libéré.
- Nullité de l'opération si la décision est prise en violation de l'article L. 225-129 C. com. (règles de l'AGE ou du CA ou du directoire s'il y a eu délégation de compétence.
- Nullité en cas d'abus de majorité prononcé par le tribunal.
- *Conséquence* : le niveau du capital social sera celui précédant l'augmentation décidée irrégulièrement.

2. Réduction de capital

a) Motivations

- Réduction pour cause de pertes : c'est une mesure d'assainissement financier. Le capital social est aligné sur l'actif net réel.
- La réduction est le prélude à une augmentation de capital réservée aux apporteurs de capitaux frais lors du renflouement des sociétés en difficulté : c'est le « coup d'accordéon ».
- Quand la dimension de la société et le volume ne justifient pas ou plus le montant du capital social. Il sera réduit par voie de distribution aux actionnaires d'une partie de l'actif. Lorsque les actions n'ont pas été intégralement libérées, la réduction s'effectuera par remise aux actionnaires de tout ou partie des sommes qu'ils restent devoir à la société.
- Achat par la société de ses propres actions. Il peut être autorisé par l'assemblée générale qui a décidé une réduction non motivée par des pertes, à la condition d'être suivi d'une annulation des titres achetés.
- Réduction en vue de réorganiser le capital afin de favoriser la prise de contrôle.

b) Protection des créanciers

Le capital est le gage des créanciers, une réduction réduit leur gage.

Les créanciers ne peuvent pas s'opposer à une réduction du capital motivée par des pertes.

Quand la réduction n'est pas motivée par des pertes, le représentant de la masse des obligataires et les créanciers dont la créance est antérieure à la date du dépôt au greffe du procès-verbal de délibération peuvent former opposition à la réduction dans le délai de 30 jours à compter de la date du dépôt au greffe du procès-verbal de délibération de l'assemblée générale qui a décidé ou autorisé la réduction.

L'opposition est portée devant le tribunal de commerce.

La décision de justice rejette l'opposition ou ordonne, soit le remboursement des créances, soit la constitution de garanties, si la société en offre et si elles sont jugées suffisantes.

Les opérations de réduction ne peuvent commencer que lorsque le tribunal se sera prononcé sur l'opposition.

Cas pratiques

1 SA Roche

1. Réalisation de l'opération

Cette opération consiste en une augmentation de capital en numéraire. Le capital de la société anonyme Roche sera ainsi porté à 300 000 € par émission d'actions nouvelles réservées en partie à deux sociétés, après suppression du droit préférentiel de souscription. La libération lors de la souscription (50 %) est supérieure au quart prévu par la loi.

Ainsi, à condition de respecter les conditions et la procédure légales, cette opération est tout à fait réalisable.

2. Organe compétent

L'assemblée générale extraordinaire est seule habilitée à modifier les statuts dans toutes leurs dispositions. Ce qui est le cas en l'espèce, car la modification du capital social est une modification statutaire. Depuis 2004, l'AGE peut déléguer sa compétence au CA ou au directoire pour décider l'augmentation de capital, elle en fixera cependant le plafond et la durée.

Quorum AGE :

- Sur 1re convocation : un quart des actionnaires présents ou représentés.
- Sur 2e convocation : le cinquième des actionnaires présents ou représentés.

Majorité AGE :

L'AGE statue à la majorité des deux tiers des voix dont disposent les actionnaires présents ou représentés.

3. Procédure et chronologie

Rappel

- Le capital ancien doit être intégralement libéré avant toute émission d'actions nouvelles à libérer en numéraire, à peine de nullité de l'opération.
- Toute augmentation de capital en numéraire ouvre un droit préférentiel de souscription aux actionnaires anciens, proportionnellement au montant de leurs apports. Mais l'assemblée qui décide ou autorise une augmentation de capital peut supprimer le droit préférentiel de souscription pour la totalité de l'augmentation de capital ou pour une ou plusieurs tranches de cette augmentation.

  D'autre part, les actionnaires peuvent renoncer individuellement à leur droit préférentiel de souscription.

Procédure

- Réunion du conseil d'administration pour arrêter le projet d'augmentation de capital par apport en numéraire avec suppression du droit préférentiel de souscription. Ce projet précise les motifs de l'augmentation de capital proposée ainsi que la marche des affaires sociales depuis le début de l'exercice en cours, les motifs de la proposition de suppression du droit préférentiel de souscription.

- Communication du projet au commissaire aux comptes.
- Rapport spécial du commissaire aux comptes qui donne son avis sur la proposition de suppression du droit préférentiel, sur le choix des éléments de calcul du prix d'émission et de son montant, ainsi que sur l'incidence de l'émission sur la situation de l'actionnaire appréciée par rapport aux capitaux propres et, le cas échéant, sur la valeur boursière de l'action. Il vérifie et certifie la sincérité des informations tirées des comptes de la société sur lesquelles il donne cet avis.

  Ce rapport doit être déposé au siège social au moins 15 jours avant l'AGE.
- L'AGE statue, à peine de nullité, sur le rapport du conseil d'administration ou du directoire et sur celui des commissaires aux comptes décide l'augmentation et vote la suppression du droit préférentiel. La décision peut être prise par le CA ou le directoire sur délégation de compétence de l'AGE.

  En l'espèce, c'est le cas puisque deux sociétés nouvelles (bénéficiaires dénommées) participent à l'augmentation de capital et non les actionnaires de la société Roche.

  La durée de validité de la suppression consentie au profit de personnes dénommées est limitée à 2 ans.

  Le prix d'émission des actions nouvelles est déterminé par l'assemblée générale extraordinaire sur rapport du conseil d'administration et sur rapport spécial des commissaires aux comptes.
- Délégation sera donnée par l'AGE au conseil d'administration pour réaliser l'opération. L'émission doit être réalisée dans le délai de deux ans à compter de l'assemblée générale qui l'a autorisée.

  Délégation lui sera donnée pour modifier les statuts.
- Réalisation de l'augmentation de capital :
  - souscription constatée par des bulletins de souscription ;
  - libération au minimum de quart (ici la moitié) de la valeur nominale à la souscription et la totalité de la prime d'émission, le reste dans les cinq ans à compter du jour où l'augmentation de capital est devenue définitive. Le surplus sera libéré sur appel du conseil d'administration ;
  - dépôt des fonds chez un notaire, dans une banque à la Caisse des dépôts et consignations ;
  - certificat du dépositaire dont la date fait preuve de la réalisation de l'augmentation ;
  - modification des statuts par le conseil d'administration sur délégation de l'AGE.

4. Formalités de publicité

- Pour informer les actionnaires de la décision d'augmenter le capital, avant l'ouverture des souscriptions, un avis dans un journal d'annonces légales ou une notice publiée au BALO si la société anonyme fait appel public à l'épargne doit être publié. Mais lorsque l'assemblée générale supprime le droit préférentiel de souscription, l'avis n'a pas à être fait.

  Dans notre cas, cet avis ne sera pas nécessaire du fait que l'assemblée générale extraordinaire supprimera le droit préférentiel de souscription puisque les souscripteurs bénéficiaires de l'augmentation de capital sont dénommés.

- Après la réalisation de l'augmentation, il faudra effectuer la formalité de l'enregistrement, c'est à cette date que peut avoir lieu la publicité légale relative à la modification statutaire, à savoir :
  - insertion dans un journal d'annonces légales ;
  - dépôt d'actes au greffe (CFE) ;
  - inscription modificative au registre du commerce et des sociétés par le CFE ;
  - insertion au BODACC à la diligence du greffier.

  Si l'augmentation de capital n'est pas réalisée dans les 6 mois à compter de l'ouverture de la souscription, tout souscripteur peut demander au président du tribunal de commerce la nomination d'un mandataire chargé de retirer les fonds pour les restituer aux souscripteurs.

5. Avis sur l'opération d'augmentation de capital

Ce type d'opération s'avère finalement très formaliste : assemblée générale extraordinaire ou réunion du CA ou du directoire, droit préférentiel de souscription, rapports du conseil d'administration et des commissaires aux comptes, publicités diverses. Mais ceci est une garantie de défense des intérêts des anciens actionnaires. Ceux-ci pourraient se voir léser par l'opération : répartition du capital différente, évaluation du prix d'émission insuffisante (prime d'émission + valeur nominale).

L'augmentation de capital renforce la garantie des créanciers par l'accroissement du capital social. Elle entraîne aussi une nouvelle répartition du capital lorsque des tiers entrent dans la société et parfois une perte de contrôle des anciens actionnaires.

2 Mercure

1. Le partage des pertes

Pourquoi M. Dupic exige-t-il ce partage ?

En raison des pertes accumulées, la part des capitaux propres par action, qui exprime la valeur vénale de celle-ci, est tombée au-dessous de la valeur nominale.

Calcul à suivre :

Capitaux propres :	80 000	Nombre d'actions :	8 000
	+ 8 000		
	+ 15 000		
	– 43 000		
	60 000		

$$\frac{60\,000}{8\,000} = 7{,}5\ €$$

Pour ne pas être lésé, M. Dupic devrait donc réaliser son apport en souscrivant à des actions nouvelles émises 7,5 € chacune. Mais le principe de souscription intégrale du capital social, posé par l'article L. 225-3 C. com. sur les sociétés commerciales, interdit la souscription au-dessous du pair, soit, ici, au-dessous de la valeur nominale de 10 €.

M. Dupic doit donc exiger, pour ne pas surpayer ses actions, que les actionnaires de la famille Amiel partagent entre eux les pertes existantes avant sa prise de participation dans le capital de la SA Mercure.

Comment ce partage se traduira-t-il ?

Au niveau du capital social

Il va se traduire par une réduction du capital social de 80 000 € à 60 000 €.

On va en effet imputer sur le capital la fraction des pertes qui ne peut être imputée sur les réserves, soit 20 000 €, afin que capital social et capitaux propres coïncident.

Au niveau des actions dont le nombre demeurera inchangé

La réduction du capital peut se traduire par une diminution du nombre des actions émises dont le nominal demeure inchangé ou, comme dans le cas présent, par une baisse du nominal des actions émises dont le nombre demeure inchangé, méthode préférable car évitant les problèmes de rompus et la reprise de la comptabilité actions.

Dans le cas présent, le nominal de chaque action sera ramené de 10 € à 7,5 €.

2. La réduction du capital

La procédure à mettre en œuvre est une procédure de réduction du capital social par imputation de pertes qui constitue en l'occurrence le premier mouvement « d'un coup d'accordéon ».

Convient-il d'informer le commissaire aux comptes du projet ?

Il convient évidemment de l'informer du projet puisque le commissaire aux comptes doit toujours présenter à l'assemblée générale extraordinaire des actionnaires, appelée à se prononcer sur une réduction de capital, un rapport spécial dans lequel il donne son avis sur la sincérité des motifs invoqués pour cette opération et sur ses modalités, au regard du respect de l'égalité entre actionnaires.

À cette fin, le projet de réduction devra être communiqué au commissaire aux comptes 45 jours au moins avant l'assemblée.

Les actionnaires A, B, C, D peuvent-ils bloquer la réalisation du projet ?

En admettant que tous les actionnaires soient présents à l'assemblée, le projet devra recueillir 5 334 voix pour être adopté. L'adoption de ce projet relève en effet de la compétence de l'assemblée générale extraordinaire des actionnaires qui statue à la majorité des 2/3 des voix dont disposent les actionnaires présents ou représentés. Il manquera donc 67 voix aux actionnaires A, B, C, D pour pouvoir éventuellement bloquer le projet.

Les créanciers de la société pourront-ils faire opposition à ce projet ?

Le projet de réduction étant motivé par le souci d'apurer des pertes et non par la volonté de rembourser des apports, les créanciers ne sont pas admis à faire opposition.

3. L'entrée de M. Dupic dans le capital de la SA Mercure

Décisions d'AGE

Pour permettre à M. Dupic de réaliser son apport, l'assemblée générale extraordinaire – ou l'assemblée générale mixte statuant après la réduction du capital aux conditions de quorum et de majorité des assemblées générales extraordinaires – devra décider d'augmenter le capital de 30 000 € par émission de 4 000 actions nouvelles de numéraire de 7,5 € de nominal dont la souscription, au pair, sera réservée à M. Dupic. Elle supprimera donc à son profit le droit préférentiel de souscription dont bénéficient les actionnaires lorsqu'une société anonyme augmente son capital par émission d'actions nouvelles en numéraire.

Le CA peut prendre la décision d'augmenter le capital si l'AGE lui a donné délégation.

Le rapport du conseil d'administration :

- indique les motifs de l'augmentation de capital et de la proposition de suppression du droit préférentiel de souscription ;
- indique le nom de l'attributaire et, avec sa justification, le prix d'émission ;
- indique l'incidence sur la situation de l'actionnaire de l'émission en ce qui concerne sa part de capitaux propres.

Le rapport du conseil doit également fournir des indications utiles sur la marche des affaires sociales depuis le début de l'exercice en cours si l'assemblée générale ordinaire appelée à statuer sur les comptes n'a pas encore été tenue pendant l'exercice précédent.

L'assemblée se prononcera également sur le rapport spécial du commissaire aux comptes puisqu'il y a émission réservée, donc avec suppression du droit préférentiel de souscription.

Dans son rapport, le commissaire donne son avis :

- sur la proposition de suppression du droit préférentiel (est-elle bien inspirée par l'intérêt social ?) ;
- sur le prix d'émission (rend-il compte de la valeur réelle de l'action ?) ;
- sur l'incidence de l'émission sur la situation de l'actionnaire en ce qui concerne sa part de capitaux propres (est-elle présentée sincèrement dans le rapport du conseil d'administration ?).

Un rapport complémentaire du CA devra être présenté sur l'utilisation de la délégation donnée par l'AGE pour décider de l'augmentation de capital.

10 Les valeurs mobilières, la cession des actions, les prises de contrôle, l'AMF (Autorité des marchés financiers)

Tests

1. Les valeurs mobilières

a) Action et obligation

L'action est le droit de l'associé dans une société de capitaux (SA, SCA, SAS) lui permettant de participer aux assemblées et de se voir attribuer une fraction des bénéfices et du boni de liquidation. C'est un titre négociable.

L'obligation est aussi un titre négociable représentant un droit de créance sur la société qui, dans une même émission, confère les mêmes droits de créance pour une même valeur nominale. L'obligataire a droit à un intérêt et au remboursement de son prêt.

b) Action de préférence

Il s'agit d'une action avec ou sans droit de vote, assortie de droits particuliers de toute nature, à titre temporaire ou permanent (ex. : action à dividende prioritaire, action donnant droit à proposer la nomination de membre du conseil d'administration).

c) Caractères de l'action

L'action est un titre représentatif d'un apport qui donne à son titulaire les prérogatives d'un associé ; c'est un bien meuble incorporel qui a une valeur nominale. L'action peut être nominative ou au porteur. C'est un titre négociable. C'est un droit de créance.

d) Différence entre négociabilité et cessibilité des titres

Tous les titres sont cessibles (peuvent être cédés) sauf si une clause d'agrément est insérée dans les statuts.

De plus, certains titres (actions, obligations) sont négociables, c'est-à-dire cessibles, selon des modalités de cession extrêmement simplifiées (négociation en bourse ou de gré à gré par un ordre de mouvement).

e) Nantissement des actions

Les actions représentant une valeur peuvent être données en garantie (nantissement) mais depuis la dématérialisation des titres, on ne peut plus réaliser la dépossession des actions nanties. Celle-ci sera compensée par une inscription spéciale sur le registre des titres des quantités nanties afin que la négociation ne puisse intervenir sans que les créanciers nantis le sachent.

f) Obtention d'une action à droit de vote double

Par principe, le nombre de voix attaché aux actions est obligatoirement proportionnel à la quotité de capital qu'elles représentent et chaque action donne droit à une voix au moins.

Cependant un droit de vote double peut être attribué :
- par les statuts,
- ou par une assemblée générale extraordinaire ultérieure,

à toutes les actions *nominatives* entièrement libérées, inscrites au nom d'un même titulaire *depuis 2 ans au moins*. Il s'agit d'une action de préférence.

En outre, en cas d'augmentation du capital par incorporation de réserves, bénéfices ou primes d'émission, le droit de vote double peut être conféré, dès leur émission, aux actions nominatives attribuées gratuitement à un actionnaire à raison d'actions anciennes pour lesquelles il bénéficie de ce droit.

Le droit de vote double peut être réservé aux actionnaires de nationalité française et à ceux ressortissant d'un état membre de l'Union européenne.

g) Droits et obligations des actionnaires

- *Droits d'intervention dans la vie sociale :* droit de participer aux assemblées, droit d'information et de communication, droit d'être élu au poste d'administrateur ou de membre du conseil de surveillance, droit de contrôler la gestion (expertise de gestion), droit de porter des questions à l'ordre du jour, droit de se regrouper en association, droit de négocier ses actions.
- *Droits pécuniaires :* droit au dividende, droit préférentiel de souscription, droit aux réserves, droit au remboursement de son apport, droit au boni de liquidation.
- *Obligation de libérer l'apport.*
- *Obligation au passif social* dans la limite de l'apport.
- *Contribution aux pertes* dans la limite de l'apport.

h) Catégories d'obligations

- Obligations ordinaires.
- Obligations convertibles en actions.
- Obligations échangeables contre des actions.

- Obligations avec bons de souscription d'actions.
- Obligations indexées.

i) Droits attachés aux obligations

- Droit au paiement des intérêts prévus.
- Droit au remboursement du capital.
- Droit d'être regroupé dans une masse d'obligataires qui jouit de la personnalité morale. Le rôle de la masse est la défense des intérêts communs des obligataires d'une même émission.

j) Valeur mobilière composée ou complexe

Titre qui donne droit, par conversion, échange, remboursement, présentation d'un bon ou de toute autre manière, à l'attribution, à tout moment ou à date fixe, de titres qui sont ou seront émis à cet effet, en représentation d'une quotité du capital de la société émettrice.

k) Obligation convertible en action et obligation échangeable contre une action

L'obligation convertible en actions est assortie du droit pour son titulaire de demander, à des époques et dans les conditions fixées dès l'émission de l'emprunt, la conversion de l'obligation en action.

L'obligation échangeable contre une action permet à son titulaire d'échanger, *à tout moment*, son titre contre une action.

2. Cession des titres et clause d'agrément dans les SA

Elle permet d'écarter l'entrée de personnes jugées indésirables dans la société et de maintenir l'équilibre du capital social entre actionnaires décidé lors de la constitution de la société. Elle ne pourra jouer que lors de cessions d'actions à des tiers ou entre actionnaires (depuis 2004) (art. L. 225-254 C. com.).

Les statuts fixent l'organe chargé de donner l'agrément (AGO, CA, directoire...).

3. Action de concert et pacte d'actionnaires

- Sont considérées comme *agissant de concert* les personnes qui ont conclu un accord en vue d'acquérir ou de céder les droits de vote, ou en vue d'exercer les droits de vote pour mettre en œuvre une politique commune vis-à-vis de la société. Les personnes agissant de concert sont tenues solidairement aux obligations qui leur sont faites par la loi et les règlements.
- *Le pacte d'actionnaires :* les actionnaires d'une société ou certains d'entre eux concluent, en dehors des statuts, des conventions appelés pactes d'actionnaires, par lesquelles ils cherchent à régler le contrôle de la conduite des affaires et la composition du capital de la société. Son contenu est variable, sa durée fixée par les parties ; à défaut, il a une durée indéterminée. Conformément au droit commun, la violation fautive du pacte entraîne la condamnation du responsable à des dommages-intérêts et la résolution judiciaire du pacte.

  La conclusion d'un pacte d'actionnaires portant sur des titres de sociétés cotées ou inscrites au hors cote entraîne de lourdes conséquences lorsque le pacte révèle une action de concert, c'est-à-dire lorsqu'il a été conclu en vue d'acquérir ou de céder des droits de vote, ou en vue d'exercer des droits de vote pour mettre en œuvre une politique commune vis-à-vis de la société. Dans ce cas, les membres du pacte sont solidairement tenus aux obligations qui leur sont faites par la loi et les règlements et s'exposent aux sanctions civiles, pénales ou réglementaires applicables en cas d'inobservation de ces obligations. Celles-ci concernent notamment les informations à donner en cas de franchissement d'un seuil de participation significative dans une société cotée ou inscrite au hors cote et la mise en œuvre des procédures boursières d'offre publique d'achat obligatoire, de garantie de cours, ou d'offre publique de retrait.

- Les points communs entre action de concert et pacte d'actionnaires sont les suivants :
  - l'action de concert peut être un pacte d'actionnaires si les concertistes sont associés ;
  - les domaines du pacte d'actionnaires et de l'action de concert peuvent être les mêmes ; dans ce cas seule la durée différencie l'action de concert du pacte d'actionnaire.
- Les obligations des concertistes sont :
  - déclaration à l'AMF du franchissement de seuil, par la possession des actions ou des droits de vote détenus directement ou indirectement par chacune des personnes participant à l'action de concert ;
  - dépôt d'un projet d'offre publique d'achat, de garantie de cours ou de retrait lorsque l'action de concert conduit au franchissement du seuil d'un tiers des droits de vote comme vu ci-dessus ;
  - obligation pour les concertistes d'être solidaires des obligations relatives au respect des lois et règlements. Dans ce cas, chaque concertiste sera tenu pour responsable de non-respect des dispositions légales ou réglementaires pour la totalité de conséquences de ce non-respect. À charge pour lui de se retourner contre les autres concertistes.

4. Offres publiques

a) OPA, OPE

- *L'offre publique d'achat* est une opération juridique et financière par laquelle une personne décide de faire connaître publiquement qu'elle est disposée à acquérir tout ou partie des titres d'une société cotée. L'opération sera réglée en numéraire.
- Si l'offre se réalise par échange de titres, il s'agira d'une *offre publique d'échange* (OPE).

b) Types d'OPA

- *L'OPA normale :* dans cette procédure l'offre doit viser la totalité des titres de capital et des titres donnant accès au capital ou aux droits de vote avec la société émettrice. Elle peut être amicale (avec l'assentiment des dirigeants) ou inamicale (en opposition avec les dirigeants).
- *L'OPA simplifiée :* la procédure de l'OPA sera simplifiée dans certains cas (ex. : achat par une société de ses propres actions).

c) Différenciation entre OPR et retrait obligatoire

L'offre publique de retrait (OPR) est une procédure permettant aux actionnaires minoritaires de sociétés cotées de se retirer de leur société.

Le retrait obligatoire consiste pour le ou les actionnaires qui détiennent au moins 95 % des droits de vote d'une société, à pouvoir, à l'issue d'une procédure d'offre ou de demande de retrait, imposer aux actionnaires minoritaires de leur transférer leurs actions.

5. Rachat des titres

Une société est autorisée à racheter ses propres actions dans les cas suivants :
- réduction de capital non motivée par des pertes ;
- rachat en vue de l'attribution d'actions à ses salariés dans le cadre de la participation ou dans le cadre de plan d'option d'achat d'actions ;
- achat d'actions en vue de régulariser les cours de bourse et d'améliorer la gestion financière de la société.

La société peut aussi racheter ses titres dans le cadre :
- d'une stratégie de lutte anti OPA ;
- d'un désir de réduire la décote du cours de bourse par rapport à la valeur d'actif net réalisé ;
- de la volonté d'augmenter le bénéfice par action en diminuant le nombre de titres ouvrant droit à dividende.

6. Obligations liées au rachat des titres

Lorsqu'une société désire racheter ses actions, elle a les obligations suivantes :
- éviter d'entraver le fonctionnement régulier de la cotation du titre en bourse ;
- ne faire intervenir qu'un seul intermédiaire par séance de bourse ;
- ne pas proposer un prix de rachat supérieur au cours de la bourse lorsque l'achat porte sur un bloc de titres ;
- limiter son rachat à un volume de 25 % de la moyenne des transactions quotidiennes des cinq derniers jours de bourse précédant l'intervention.

Cas pratiques

1 Fimcrédit

Les actions sont soumises aux aléas de l'activité de la société, les obligations assurent un intérêt fixe et le remboursement du prêt consenti.

Dans une optique de sécurité il vaut mieux choisir les obligations. Mais on peut conseiller de choisir des types d'obligations permettant de devenir actionnaires par la suite : obligations convertibles en actions, obligations avec bons de souscription d'actions qui permettront à l'obligataire d'exercer son droit de souscription sans perdre ses obligations ; de plus, les bons pourront être cédés indépendamment des obligations auxquelles ils étaient attachés.

Composition d'un portefeuille de 250 000 € à titre d'exemple : la moitié d'obligations, un quart d'actions et un quart de bons de souscription.

2 Bureau

1. Titres émis

Obligations avec bons de souscription d'actions qui offrent aux obligataires la souscription d'actions à un prix déterminé.

2. Nombre de titres souscrits

Selon les modalités de l'émission, 25 actions donnent droit à une obligation ; le souscripteur disposant de 240 actions, il aura droit à :

$$\frac{240}{25} = 9 \text{ obligations} + 1 \text{ (rompu)}$$

soit 10 obligations.

3. Dates différentes et échéancier

Intérêt de l'émission à des dates différentes

Programmation pour l'émetteur de son besoin de financement et, pour l'associé, meilleur moment pour acquérir (meilleurs cours).

Intérêt de l'échéancier

- *Pour l'associé :* être assuré du prix à payer et prévoir le financement de la souscription dans le temps.
- *Pour la société :* programmer son financement.

4. Obligations de la société

Obligations de la société lors de l'émission d'obligations avec bons de souscription d'actions

- Rapport du CA ou du directoire.
- Rapport du commissaire aux comptes.
- Autorisation par l'AGE.
- Délai de réalisation de l'opération : 5 ans maximum à compter de la décision de l'AGE.

Obligations de la société après l'émission

- Respecter les dates de souscription et le prix de vente des bons.
- Procéder aux augmentations de capital.
- Gérer la catégorie de titres.
- Organiser la masse des obligataires.
- Réunir des assemblées d'obligataires.

3 Lange

Il s'agit d'une cession d'actions entre vifs et d'une convention conclue entre un administrateur et sa société (un contrat de licence).

La cession d'actions entre vifs

Les actions sont des titres négociables. Elles sont librement cessibles. Toutefois les statuts peuvent prévoir une clause d'agrément pour écarter l'entrée dans la société de personnes dont la présence est jugée indésirable ou éviter une nouvelle répartition du capital.

La clause d'agrément n'est applicable qu'en cas de cession à des tiers ou entre actionnaires et si les actions revêtent la forme nominative.

En l'espèce la clause d'agrément peut être opposée à M. Bois qui est un tiers.

Les statuts prévoient l'organe compétent pour donner l'agrément (ici le conseil d'administration).

Le conseil d'administration ne délibère valablement que si la moitié au moins de ses membres sont présents (ici ils sont 3 administrateurs donc le quorum doit être de 2). À moins que les statuts ne prévoient une majorité plus forte, les décisions sont prises à la majorité des membres présents ou représentés.

En l'espèce, 2 administrateurs sur 3 refusent l'agrément ; M. Bois ne pourra pas devenir actionnaire.

En cas de refus d'agrément, le conseil d'administration est tenu, dans le délai de 3 mois à compter de la notification du refus, de faire acquérir les actions soit par un actionnaire ou par un tiers, ou, avec le consentement du cédant, par la société en vue d'une réduction de capital de la société.

À défaut d'accord entre les parties sur le prix des actions ce dernier sera déterminé par expert.

Si, à l'expiration du délai de 3 mois, l'achat n'est pas réalisé, l'agrément est considéré comme donné. Ce délai peut être prolongé par décision de justice à la demande de la société.

Procédure à suivre lors d'une cession soumise à agrément

- Notification de la demande d'agrément à la société qui indique les noms, prénoms et adresse du cessionnaire, le nombre des actions cédées et leur prix.
- Décision de la société (ici le conseil d'administration) qui :
  - donne l'agrément du tiers,
  - ou refuse l'agrément (cas d'espèce).
- Notification de la décision au cédant.
- En cas de refus d'agrément, proposition de faire acquérir les actions, ou rachat par la société avec le consentement du cédant en vue d'une réduction de capital.
- Il y aura, en cas de cession ou de rachat, une modification de la répartition du capital. Les statuts devront être mis à jour et déposés au greffe.
- L'acte de cession devra être enregistré et publié.

Contrat de licence

Il s'agit d'une convention passée entre un administrateur, M. Lange, et la société anonyme. Cette convention est une convention réglementée soumise à autorisation préalable du conseil d'administration.

Procédure à suivre

- L'administrateur intéressé est tenu d'informer le conseil d'administration de la convention projetée.

- Le conseil d'administration doit donner son autorisation préalable avant la conclusion du contrat.

L'administrateur intéressé ne peut pas prendre part au vote du conseil d'administration sur l'autorisation sollicitée.

L'autorisation sera donnée à la majorité des membres présents ou représentés du conseil d'administration, soit 2 membres sur 3. Deux hypothèses sont à envisager :

– *l'autorisation est votée* ; la procédure continue :
  - information du commissaire aux comptes par le président du conseil d'administration dans le délai d'un mois qui suit la conclusion du contrat,
  - le commissaire doit établir un rapport spécial énumérant les conventions, leurs caractéristiques, les personnes intéressées (ici M. Lange pour un contrat de licence). Ce rapport devra être déposé au siège social 15 jours avant l'AGO,
  - approbation des conventions réglementées par AGO au vu du rapport spécial du commissaire aux comptes. L'intéressé ne peut pas prendre part au vote et ses actions ne sont pas prises en compte pour le calcul du quorum et de la majorité. M. Lange est donc privé de vote, la majorité nécessaire sera donc de 851 actions sur un total de 2 500 actions (les 800 actions de M. Lange sont décomptées) ;

– *l'autorisation n'est pas votée.* Les conventions réglementées conclues sans autorisation préalable du conseil d'administration peuvent être annulées si elles ont des conséquences dommageables pour la société.

  L'administrateur intéressé engage sa responsabilité (pour violation de la loi).

  L'action en nullité se prescrit par trois ans à compter de la date de la convention, ou de sa révélation si elle a été dissimulée.

  La nullité peut être couverte par un vote de l'AGO intervenant sur rapport spécial du commissaire aux comptes exposant les circonstances en raison desquelles la procédure d'autorisation n'a pas été suivie. L'intéressé ne pourra pas voter et ses actions ne seront pas prises en compte pour le calcul du quorum et de la majorité.

4 Garantie du passif

Objectif de la clause de garantie de passif

Cette clause insérée dans le contrat de cession de titres vise à compenser la diminution de la valeur des actions cédées en cas d'augmentation de passif ayant une origine ou une cause antérieure à la date de la cession et constatée ultérieurement.

L'acquéreur de titres, par cette clause, exige du cédant qu'il certifie l'exactitude des renseignements fournis sur le patrimoine de la société et les principaux engagements contractés par celle-ci à l'égard des tiers. D'autre part, il certifie aussi l'exactitude du bilan ou de la situation comptable ayant servi de base à la détermination du prix de cession. Il s'engage à prendre à sa charge toutes les dettes qui ne figureraient pas sur le bilan ou la situation comptable et qui viendraient à se révéler postérieurement.

Étendue de la garantie

Elle est fonction du contenu de la clause : dettes sociales, dettes fiscales, sanctions pénales infligées à la société, condamnations de celle-ci à la suite d'instances contentieuses.

Bénéficiaires de la clause de garantie de passif : le cédant s'engage à verser à *la société* les sommes nécessaires au paiement des dettes sociales qui viendraient à se révéler ou à régler personnellement *les créanciers sociaux* pour le compte de la société (Com. 13.6.78 – Paris 25.2.94).

La clause peut prévoir une franchise (somme maximale).

Garantie d'actif

La garantie porte souvent non seulement sur le passif non révélé mais aussi sur toute diminution d'actif qui serait constatée par rapport aux mentions figurant dans des documents financiers ayant servi de base à la cession (charges non provisionnées ou insuffisamment provisionnées, stocks surévalués...).

La diminution d'actif peut être aussi grave pour l'acquéreur que la révélation d'un passif.

Garantie de la garantie de passif

L'acquéreur peut exiger une caution bancaire garantissant la clause de garantie de passif dont la mise en œuvre peut se révéler lourde pour le cédant (exemple : un redressement fiscal peut dépasser la solvabilité du cédant, une caution bancaire se substituera à lui pour assumer ce passif selon le montant et les modalités prévues dans le cautionnement).

5 Lotus

L'OPA

Opération qui consiste pour une personne à faire connaître publiquement aux actionnaires d'une société cotée qu'elle est disposée à acquérir leurs titres à un prix déterminé et qui sera réglé en espèces. Sauf exceptions, l'offre doit viser la totalité des titres et des titres donnant accès au capital ou aux droits de vote de la société émettrice.

L'opération doit être présentée à l'autorité des marchés financiers (AMF) par un établissement de crédit. Ce dernier doit déposer un dossier contenant l'objectif poursuivi et les intentions de l'initiateur, le nombre et la nature des titres de la société visée qu'il détient déjà, le prix auquel il offre d'acquérir les titres. L'offre doit être irrévocable.

Dès que l'AMF est saisie du projet d'offre publique, on suspend la cotation des titres de la société concernée. La période d'offre publique s'ouvre à la date de publication de l'avis du dépôt du projet d'offre.

Les actionnaires ont un délai d'au moins 20 jours de bourse pour passer leurs ordres. Après dépouillement des ordres, l'AMF fait connaître le résultat de l'offre publique.

Contraintes et risques de l'OPA

- La société Papirus doit être une société cotée pour pouvoir pratiquer l'OPA.
- Une contrainte financière : il faut avoir les moyens d'acheter 100 % des titres d'une autre société et être assuré de la rentabilité de l'opération.
- Une contrainte procédurale : l'opération est soumise au contrôle de l'AMF qui peut fixer dorénavant une date de clôture définitive des offres.
- L'OPA peut échouer si les actionnaires ne vendent pas.

L'action de concert

Les dispositions concernant l'action de concert tendent à éviter les changements de contrôle occultes par l'effet de « ramassages » concertés en bourse. La société visée doit donc être une société cotée.

L'action de concert existe lorsque « des personnes ont conclu un accord en vue d'acquérir ou de céder des droits de vote, ou en vue d'exercer des droits de vote pour mettre en œuvre une politique commune vis-à-vis de la société ».

Contraintes et risques

Les personnes agissant de concert sont tenues solidairement aux obligations qui leur sont faites par la loi et les règlements.

En conséquence, elles s'exposent aux sanctions civiles, pénales ou règlementaires applicables en cas d'inobservation de ces obligations.

La notion d'action de concert est prise en compte pour vérifier si les seuils entraînant l'obligation d'information sont atteints ou non, mais aussi pour la détermination des personnes tenues à cette obligation d'information et pour la mise en œuvre des procédures d'offres publiques (achat, échange, retrait), ainsi que celles de garantie de cours.

Conclusion

Il faudra vérifier que la société Papirus est une société cotée pour pouvoir pratiquer l'OPA et être visée par les dispositions de l'action de concert.

11 La société par actions simplifiée (SAS) et la SAS unipersonnelle (SASU)

Tests

1. Constitution du capital

- 2 personnes physiques ou morales ou plusieurs (sans maximum) peuvent créer une SAS (pluripersonnelle).
- 1 personne physique ou morale peut créer une SASU (société par actions simplifiée unipersonnelle).

Le capital minimum est de 37 000 € pour la SAS et la SASU. Il peut être composé d'apports en nature et en numéraire. Les apports en industrie sont interdits.

La SAS est une société par actions qui ne peut pas faire appel public à l'épargne.

2. Motifs de création d'une SAS

La création de la SAS favorise le développement de la création d'entreprises à fort potentiel de croissance sous la forme d'une société par actions. La SASU est un instrument de filialisation pour une société mère.

- Éviter le formalisme de la société anonyme.
- Liberté d'organiser les statuts.
- Éviter d'installer une société à l'étranger plutôt qu'en France (éviter donc une délocalisation pour échapper aux rigueurs juridiques : droit des sociétés, du travail, droit fiscal).

3. Avantages de la SASU sur la SAS pluripersonnelle

L'associé unique reste seul maître de son affaire.

L'associé unique, personne morale, pourra exercer la présidence de la SASU.

Elle bénéficie du régime des sociétés par actions (cession libre des actions).

Elle pourra se transformer automatiquement en SAS pluripersonnelle.

4. Arguments pour le choix d'une SASU plutôt que d'une SARL unipersonnelle

Une SASU peut être associée d'une autre SASU alors qu'une EURL ne peut pas être associée d'une autre EURL.

Les actions sont librement négociables.

Le président peut être une personne morale alors que le gérant d'une EURL doit être une personne physique.

Inconvénient : la présence du commissaire aux comptes est obligatoire, alors que dans l'EURL elle n'est obligatoire que si elle dépasse certains seuils.

5. Pacte d'actionnaires dans la SAS

Le pacte d'actionnaires est un contrat passé entre certains actionnaires d'une même société qui s'entendent, en dehors des statuts, sur la conduite des affaires sociales, sur le contrôle de la société, etc.

Dans la SAS, le pacte d'actionnaires sera une clause des statuts dont l'inexécution sera sanctionnée par la nullité de la décision prise en infraction au pacte d'actionnaires.

6. Fonctions du président

La société doit être obligatoirement représentée à l'égard des tiers par un président (personne physique ou personne morale), désigné dans les conditions prévues par les statuts.

Le président est investi des pouvoirs les plus étendus pour agir en toute circonstance au nom de la société dans la limite de l'objet social.

Dans ses rapports avec les tiers, la société est engagée même par les actes du président qui ne relèvent pas de l'objet social, à moins qu'elle ne prouve que le tiers savait que l'acte dépassait cet objet ou qu'il ne pouvait l'ignorer compte tenu des circonstances, étant exclu que la seule publication des statuts suffise à constituer cette preuve.

Les dispositions statutaires limitant les pouvoirs du président sont inopposables aux tiers.

Les statuts fixent les autres conditions de direction de la société : organisation, fonctionnement, rémunération, etc.

7. Répartition des pouvoirs entre le président et l'associé unique dans la SASU

L'associé unique nomme le président de la SASU. Il approuve les comptes, décide de l'affectation du résultat, nomme le commissaire aux comptes et prend les décisions relatives aux modifications statutaires.

Le président représente la SASU à l'égard des tiers. Il est investi des pouvoirs les plus étendus pour agir en toute circonstance au nom de la société, dans la limite de l'objet social. Dans les rapports avec les tiers, la société est engagée même par les actes du président qui ne relèvent pas de l'objet social, à moins qu'elle ne prouve que le tiers savait que l'acte dépassait cet objet ou qu'il ne pouvait l'ignorer, compte tenu des circonstances. Les statuts peuvent limiter ses pouvoirs mais ces limites sont inopposables aux tiers.

8. Raisons de la liberté contractuelle d'organisation et de fonctionnement

- Plus grande souplesse d'organisation, flexibilité possible.
- Moins de formalisme dans le fonctionnement, donc plus grande rapidité face aux évolutions économiques.

La gestion de la SASU a une organisation légère et simplifiée, plus encore que celle de l'EURL.

L'associé unique de la SASU, tout comme celui de la SARL unipersonnelle, a une responsabilité limitée à son apport.

On pourra transformer automatiquement la SASU en SAS pluripersonnelle par la cession d'actions (même solution que pour l'EURL).

2. Inconvénients de la SASU

Le montant du capital minimum est de 37 000 € alors que celui de l'EURL est libre.

Cela ne devrait pas poser de problème à M. Florentin : il dispose d'une somme de 40 000 € pour un apport en numéraire.

La présence du commissaire aux comptes est obligatoire, alors que dans l'EURL elle n'est obligatoire que si cette dernière dépasse certains seuils.

12 Les sociétés civiles

Tests

1. Différences SCM – SCP – SCI

- *La société civile de moyens* a pour objet exclusif de faciliter à chacun des membres d'une profession libérale l'exercice de son activité par la mise en commun des moyens utiles à cet exercice, sans que la société puisse elle-même exercer la profession (locaux, matériels, documentation, personnel...). La responsabilité des associés est indéfinie et conjointe.
- *La société civile professionnelle* a pour objet l'exercice d'une profession libérale par l'association de plusieurs personnes physiques habilitées à exercer la profession en question. La responsabilité des associés est indéfinie et solidaire.
- *La société civile immobilière* a pour objet, le plus souvent, de faire construire ou d'acquérir des immeubles en vue de les louer ou de les mettre à disposition gratuite de leurs associés. La responsabilité des associés est indéfinie et conjointe.

2. Comparaison SNC – SCP

- *Points communs :*
  - 2 associés minimum ;
  - aucun capital minimum ;
  - responsabilité indéfinie et solidaire des associés ;
  - fort *intuitus personae* ;
  - régime fiscal : IR, IS sur option.

• *Divergences :*
- objet : commercial pour SNC, civil pour la SCP ;
- capacité des associés : commerciale pour la SNC, civile pour la SCP ;
- qualité des associés qui sont obligatoirement membres d'une profession réglementée dans la SCP et seules les personnes physiques peuvent être associées d'une SCP ;
- la personnalité juridique n'est accordée à la SCP qu'après accord des ordres professionnels.
- dans la SCP, le gérant est obligatoirement un associé.

1 Société 3 G

Obligation au passif des associés d'une société civile

Les associés d'une société civile sont responsables indéfiniment et conjointement du passif social, ils répondent des dettes de la société sur leur patrimoine personnel.

Mais le créancier impayé doit poursuivre préalablement la société par une mise en demeure. Si la société ne paye pas, alors il pourra intenter une action contre les trois associés. Cependant, il devra diviser ses recours contre chaque associé en fonction de la part de chacun dans le capital social. Donc le gérant de la SARL Graphic doit mettre la société en demeure de payer les sommes dues. Si la société ne paie pas, il engagera des poursuites contre chaque associé proportionnellement à leur part dans le capital.

La cession de parts – Le retrait d'un associé

Deux solutions s'offrent à l'associé qui veut partir : la cession de ses parts ou son retrait de la société.

Elle est soumise en principe à l'agrément de tous les associés sauf si les statuts en ont décidé autrement. Il faudra consulter les statuts pour le savoir. De toute façon, l'associé qui veut vendre ses parts doit notifier son intention de cession par acte d'huissier ou par lettre recommandée à la société et aux autres associés.

Première hypothèse

L'agrément est donné. Il faudra constater la cession par écrit, la signifier à la société, la publier au registre du commerce et des sociétés.

Deuxième hypothèse

L'agrément est refusé. La société doit racheter ou faire racheter les parts dans le délai de 6 mois à partir de la notification sinon l'agrément est réputé acquis.

Troisième hypothèse

Les associés achètent les parts du cédant ou la société les achète (réduction de capital).

L'article 1869 permet à tout associé de se retirer de la société dans les conditions statutaires ; à défaut, par autorisation des associés ou encore par autorisation du tribunal pour justes motifs. Dans le cas, on relève une mésentente entre associés qui peut être un juste motif de retrait.

Dans les deux cas, cession ou retrait, le problème sera de fixer la valeur des parts du cédant ; à défaut d'accord amiable, un expert sera désigné dans cet objectif. Il faudra aussi nommer un nouveau gérant.

2 Bavard et Muet

Les deux avocats exercent une profession libérale à titre individuel actuellement. Leur activité est civile. S'ils souhaitent s'associer, le législateur leur impose la société civile ; plus précisément la société civile professionnelle soumise aux règles de la société civile de droit commun, à celles de la loi du 29.11.66 et du décret du 13.07.72 spécifiques à cette profession. Mais ils peuvent également préférer la société civile de moyens dans un premier temps, qu'ils transformeront ensuite en société civile professionnelle s'ils veulent tisser des liens plus étroits.

Société civile de moyens

D'après les données du sujet, les deux avocats veulent mettre en commun des moyens – locaux, documentation, personnel – afin de réduire leurs frais de gestion. On leur conseillera de créer une société civile de moyens qui leur permet de rester indépendants dans l'exercice de leur profession. Les deux avocats remplissent les conditions de fond pour la constituer :

- l'objet : mise en commun de moyens ;
- associés : exercent une profession libérale ;
- aucun capital minimum n'est exigé.

La société civile de moyens n'exerçant pas la profession n'aura pas de clientèle ; les dépenses sociales devront être réparties entre les deux avocats selon leur volonté.

Cette société devra remplir les formalités de publicité, elle sera immatriculée au registre du commerce et des sociétés et aura la personnalité morale. Les associés seront indéfiniment et conjointement responsables du passif social.

Société civile professionnelle

Les deux avocats, s'ils se connaissent et s'apprécient depuis longtemps, pourront tout de suite créer une société civile professionnelle puisqu'ils remplissent les conditions suivantes :

- avocats inscrits au barreau de Marseille ;
- deux minimum, personnes physiques ;
- objet : exercer en commun leur profession ;
- apports : ils peuvent apporter leur industrie (savoir-faire) ;
- aucun capital minimum n'est exigé.

Ils devront rédiger des statuts, faire l'objet d'une publicité au registre du commerce et des sociétés et auprès de l'ordre des avocats.

La société civile professionnelle n'aura d'ailleurs la personnalité morale qu'après les formalités imposées par le règlement de cette profession.

Les associés seront plus engagés dans la société civile professionnelle que dans la société civile de moyens, car ils sont responsables indéfiniment et solidairement des dettes sociales. En contrepartie, ils ont droit au bénéfice réalisé par la société, droit à l'information, droit de participer aux décisions collectives, droit de retrait, droit de céder leurs parts sociales ou de les donner en nantissement.

La présence d'un commissaire aux comptes n'est obligatoire qu'en cas de dépassement de seuils.

En conclusion, il est à conseiller aux deux avocats de créer une société civile de moyens et, si l'entente se poursuit, une société civile professionnelle.

Société d'exercice libéral

Les deux avocats pourront exercer leur profession dans une société d'exercice libéral (SEL) sous forme de société anonyme SELAFA, de SARL (SELARL pluripersonnelle ou unipersonnelle), de société en commandite par actions (SELCA) de société par actions simplifiée (SELAS pluripersonnelle ou unipersonnelle). La SEL leur permet de limiter leur responsabilité concernant les dettes sociales. Se reporter au chapitre 14 du manuel *Droit des sociétés.*

Partie 3

Notions sur les autres types de sociétés

13 Les sociétés en commandite

Test

Tableau comparatif SCS – SCA

	Société en commandite simple	Société en commandite par actions
Type de société	Société de personnes	Société de capitaux
Le capital est divisé en	Parts sociales	Actions (régime de la SA)
Nombre de commandités minimum Nombre de commanditaires minimum	1 1	1 3
Capital minimum	Aucun	37 000 € sans appel public à l'épargne 225 000 € avec appel public à l'épargne
Capacités des : – commandités – commanditaires	 Capacité commerciale Capacité civile	 Capacité commerciale Capacité civile
Une société en commandite est toujours commerciale	Oui	Oui
L'apport en industrie est possible	Pour les associés commandités ; interdit pour les associés commanditaires	Idem
Le nom commercial est une…	Une dénomination sociale	Une dénomination sociale
Les conditions de forme et de publicité sont celles d'une société…	SNC	SA
La gestion d'une société en commandite est assurée par…	Un ou plusieurs gérants (associés commandités seulement), ou tiers	Idem
Âge limite du gérant	Aucun	65 ans
Son statut, ses pouvoirs, sa responsabilité sont les mêmes que dans la société…	SNC	SA (pouvoirs du président du conseil d'administration ou du directoire) :

	Société en commandite simple	**Société en commandite par actions**
La présence d'un commissaire aux comptes est-elle obligatoire ?	Non, sauf si la société en commandite simple dépasse deux des trois seuils comme dans la SNC.	Oui dans tous les cas
Autre organe de contrôle obligatoire : le conseil de surveillance	Faux : – seule l'assemblée annuelle obligatoire approuve les comptes ; – réunion obligatoire d'une assemblée à la demande d'un commandité ou du quart en nombre et en capital des commanditaires	Oui, le conseil de surveillance représente les actionnaires commanditaires ; il assure le contrôle permanent de la gestion ; 3 actionnaires au moins le composent, nommés par l'assemblée générale ordinaire des actionnaires commanditaires.
Types des assemblées	– assemblée ordinaire : majorité statutaire – assemblée extraordinaire : unanimité des commandités et majorité en nombre et en capital des commanditaires	2 assemblées : – celle des commandités (règles de la SNC) – celle des commanditaires (règles de la SA)
Responsabilité des associés : – commandités	Indéfinie et solidaire	Indéfinie et solidaire
– commanditaires	Limitée aux apports	Idem
Dissolution de la société (cas particuliers)	Interdiction, incapacité d'un associé commandité, décès d'un commandité, défaut de transformation, redressement judiciaire d'un associé commandité, sauf clause contraire des statuts	Cas de dissolution de la SA + décès, interdiction, incapacité, redressement judiciaire d'un associé commandité, perte de la moitié du capital social, nombre d'associés inférieur à quatre

Cas pratiques

1 Domergue

1. Possibilités offertes aux associés de la SNC

Le décès d'un associé dans une SNC est une cause de dissolution en l'absence de disposition statutaire permettant la continuation. Dans les statuts cette clause de continuation existe.

Le problème est de savoir si les héritiers d'André peuvent être associés d'une SNC. Alain étant majeur, il a la capacité commerciale et on suppose qu'il n'est frappé d'aucune incompatibilité, interdiction ou déchéance. Il peut dont être associé et gérant. Les deux filles mineures n'ont pas la capacité commerciale pour être associées dans une SNC. Dans le délai d'un an, la SNC doit être transformée en société en commandite simple dont les mineures deviendront des associés commanditaires (leur responsabilité est limitée aux apports) et Alain serait associé commandité et gérant.

2. Devenir des enfants mineurs

La société en commandite simple Domergue sera alors composée de :

- 2 associés commandités : Maurice et Alain, gérant, qui ont une responsabilité indéfinie et solidaire ;
- 2 associés commanditaires : Anik et France-Marie, enfants mineures, qui répondent des dettes sociales à concurrence du montant de leur apport (responsabilité limitée aux apports).

3. Rôle d'Alain

Alain, associé commandité, pourra exercer les fonctions de gérant qui sont réservées à cette catégorie d'associés.

4. Rôle de France-Marie

Un associé commanditaire ne peut faire aucun acte de gestion externe même en vertu d'une procuration. En cas de violation de cette interdiction, l'associé commanditaire est tenu solidairement avec les associés commandités des dettes et engagements de la société qui résultent des actes prohibés. Selon le nombre ou l'importance de ceux-ci, il peut être déclaré solidairement obligé pour tous les engagements de la société ou pour quelques-uns seulement.

5. Mises en garde

L'aide qu'entend apporter une sœur associée commanditaire à son frère Alain, gérant, pourra être appréciée par les juges du fond comme une immixtion dans la gestion prohibée par la loi. Ils rechercheront le rôle exact qu'elle a joué :

- si elle s'est contentée de donner des avis et conseils, de contrôler, de surveiller, de participer aux assemblées, elle n'a fait que des actes de gestion internes qui sont autorisés par la loi ;
- si elle a conclu des marchés avec des fournisseurs (commandes passées), négocié un prêt avec leur banquier par exemple, elle aura passé des actes de gestion externes selon la jurisprudence et pourra être condamnée pour ses actes à la responsabilité solidaire avec les associés commandités pour les dettes qui résulteraient de ceux-ci. Il n'est pas utile pour conclure à l'immixtion qu'elle ait signé elle-même les contrats : le seul fait de les avoir préparés (négociation orale, écrite) et que les tiers aient été induits en erreur sur sa qualité d'intervenante (en la considérant comme la gérante) suffisent à conclure à son immixtion dans la gestion.

Les tiers ont seuls qualité pour faire déclarer l'associé commanditaire qui s'est immiscé dans la gestion solidairement responsable des engagements sociaux. À l'égard des autres associés, il n'est tenu qu'à concurrence de son apport (Paris 06.07.1865). Vis-à-vis de la société, sa responsabilité ne peut être engagée que s'il a commis une faute de gestion au cours de son immixtion (Réq. 23.10.1848).

La sœur pourra même être poursuivie en tant que dirigeante de fait dans l'hypothèse d'une procédure collective (redressement ou liquidation judiciaires).

6. Régime fiscal conseillé

La SCS est soumise à l'impôt sur le revenu, elle peut opter pour l'IS en fonction du niveau d'imposition des associés à titre personnel.

2 SCA Casto

Danger de l'OPA inamicale de Carrefour

Carrefour aurait détenu la minorité de blocage dans les assemblées générales extraordinaires et près de la majorité du capital (47 %). Elle aurait donc eu un pouvoir accru dans les assemblées et donc éventuellement au conseil d'administration, menaçant la direction actuelle d'obtenir le poste de président du conseil d'administration et le directeur général. Monsieur Dubois pouvait perdre la direction de l'entreprise si Carrefour avait réussi à racheter les actions manquantes pour devenir majoritaire.

Caractéristiques de la SCA Casto

Répartition du capital de la société en commandite par actions (SCA) Casto

- Famille Dubois, associée commanditée : 67 %.
- Carrefour, associé commanditaire : 33 %.
- Deux autres associés commanditaires doivent exister (3 minimum).

Organisation générale d'une société en commandite par actions

La société en commandite par actions est une société de capitaux dont le capital minimum est de 37 000 €. Elle comporte deux catégories d'associés :
- associés commandités responsables indéfiniment et solidairement des dettes sociales,
- associés commanditaires dont la responsabilité est limitée aux apports.

La société en commandite par actions est dirigée par un ou plusieurs gérants choisis par les commandités uniquement (associé commandité ou tiers), les commanditaires ne peuvent pas s'immiscer dans la gestion.

Chaque catégorie d'associé siège dans une assemblée. Le conseil de surveillance se compose des associés commanditaires, c'est un organe permanent de contrôle de la gestion des gérants.

Avantages et inconvénients de la transformation en société en commandite par actions

- Réunir des capitaux sans risque de changement de gestion.
- Gestion réservée aux associés commandités, en l'espèce la famille Dubois.
- Diriger une entreprise malgré une détention minoritaire de capital.
- Ne pas participer à la gestion pour les associés commanditaires, ne pas pouvoir révoquer le(s) gérant(s) et en subir les conséquences si la gestion est mauvaise.
- Responsabilité illimitée et solidaire des commandités.

14 Les sociétés d'exercice libéral (SEL)

Tests

1. La création des SEL en tant qu'innovation juridique

La création des SEL permet l'ouverture des sociétés de capitaux aux professions libérales alors qu'à quelques exceptions près (experts-comptables, architectes), elles ne pouvaient utiliser que des sociétés civiles.

C'est la reconnaissance de la clientèle comme valeur « capitaliste ».

2. Limites de la SEL

- *Sur le plan de la participation au capital :* le capital social ainsi que les droits de vote doivent être détenus directement ou indirectement à plus de 50 % par des professionnels en exercice dans la société.

  Mais divers décrets ont modifié ce seuil de 50 % en l'abaissant, parfois en écartant totalement les associés non professionnels (ex. : avocats, avoués, huissiers, notaires, pharmaciens...).

3. Réglementation de l'accès au capital

Raisons : l'exercice libéral est traditionnellement marqué par sa nature civile et non commerciale : on veut écarter des investisseurs soucieux uniquement de rentabilité. De plus le caractère personnel, basé sur le professionnalisme et la compétence est peu compatible avec des intérêts spéculatifs.

Ces professions libérales sont encadrées par un ordre édictant des règles déontologiques qui sont autant de barrières à la course à l'unique recherche du profit.

4. Comparaison des professions d'avocat et d'expert-comptable

On constate qu'aucun non-professionnel ne peut accéder aux SEL d'avocats alors que 25 % du capital peut être détenu par ceux-ci dans des SEL d'experts-comptables.

Il résulte de la loi que l'indépendance des avocats doit être totale, elle ne peut l'être si des non-professionnels entrent au capital d'une SEL d'avocats.

5. Différences entre SARL et SELARL, SA et SELAFA

- *SARL – SELARL :* la dénomination sociale devra comporter la mention société d'exercice libéral ou les initiales SELARL.

  L'immatriculation de la société ne se fera qu'après l'agrément de la société par l'autorité compétente ou son inscription sur la liste ou au tableau de l'ordre professionnel.

  La détention du capital est réglementée selon la profession : admission ou non de non-professionnels en qualité d'associés.

- *SA – SELAFA :* mêmes différences concernant la dénomination sociale, l'immatriculation et la détention du capital que pour la SELARL.

  Le nombre d'associés dans une SELAFA est de 3 au lieu de 7 dans une SA.

  La cession des actions d'une SELAFA est soumise à l'agrément des deux tiers des actionnaires exerçant la profession ou des deux tiers des membres du conseil d'administration ou du conseil de surveillance exerçant la profession.

Cas pratique

Thémis

Caractéristiques comparées de la SCM, la SCP et la SEL

Objet

- La société civile de moyens vise à faciliter l'exercice de l'activité de chaque associé (membre d'une profession libérale) par la prestation de services ou la fourniture en commun de moyens matériels.
- La société civile professionnelle permet aux associés d'exercer une profession libérale en commun.
- La société d'exercice libéral permet aux professions libérales d'exercer leur activité commune dans le cadre de sociétés de capitaux.

Ces trois sociétés ont un objet civil.

Les associés

- Membres d'une ou plusieurs professions libérales pour la *SCM.*
- Membres d'une même profession pour les *SCP.*
- Professionnels et non-professionnels, selon les cas, dans la *SEL.*

La responsabilité des associés

- Indéfinie et conjointe dans la *SCM.*
- Indéfinie et solidaire dans la *SCP.*
- Limitée dans la *SEL* pour les dettes sociales mais illimitée pour les actes professionnels qu'ils accomplissent personnellement.

Statut de la société

- Civil pour la *SCM* et la *SCP.*
- Commerciale par la forme pour la *SEL.*

Personnalité morale

- À dater de l'inscription au RCS pour la *SCM.*
- Après agrément de la société par les autorités compétentes (ordres professionnels) et immatriculation au RCS pour la *SEL* et la *SCP.*

Capital minimum

- Aucun pour la *SCM* et la *SCP.*
- Libre pour la *SELARL* ; 37 000 € pour la *SELAFA,* la *SELCA* et la *SELAS.*

Société en participation d'exercice libéral

- La société en participation régie par les articles 1871 à 1872-2 du C. civil a été présentée dans ses caractéristiques par la loi du 31.12.1990 qui a instauré la société en participation d'exercice libéral. Des règles spécifiques la démarquent de la société en participation de droit commun.

  La SEP d'exercice libéral est créée pour l'exercice en commun d'une profession libérale. Elle n'est pas soumise à un capital minimum, ni à l'immatriculation mais à une certaine publicité.

  Les associés sont tenus solidairement et indéfiniment à l'égard des tiers des engagements pris par chacun d'eux en qualité d'associé.

- Il faut conseiller à Maître Sed Lex de constituer une société en participation à exercice libéral qui ne l'obligera pas à effectuer un apport initial.

Un expert-comptable peut-il être associé dans une SEL d'avocats ?

Des associés non professionnels sont interdits dans les SEL d'avocats dont le capital doit être détenu à 100 % par des membres de cette profession.

La solution serait que l'expert-comptable crée une SEL dans laquelle des avocats s'associeront à hauteur d'un quart du capital.

15 Les sociétés à statut particulier

Tests

1. Différences SARL – SA et les sociétés sous forme coopérative

Les sociétés coopératives sont à capital variable.

Leur but n'est pas la recherche du bénéfice mais la recherche d'économies.

Les associés portent le nom de sociétaires. Il n'y a pas distribution de bénéfices mais une ristourne consentie aux sociétaires non pas proportionnellement aux nombres de titres détenus mais aux montants des opérations effectuées par le sociétaire avec la société.

Le capital minimum d'une société coopérative sous forme de SA est de 18 500 € et libre pour la SARL coopérative (depuis la loi du 01.08.2003).

Les titres sont nominatifs.

Chaque associé dispose d'une voix quel que soit le nombre de titres qu'il détient.

Chaque sociétaire a droit à un intérêt fixe et à une ristourne éventuelle, au prorata de ses opérations avec la société.

2. Raison de la faible utilisation des sociétés coopératives

La définition donnée par l'article 1 de la L. 1947 de la société coopérative (recherche d'économies, entraide des sociétaires, amélioration de la qualité marchande des produits fournis) est incompatible avec la recherche d'un profit capitaliste qui domine l'économie marchande.

La règle d'un homme, une voix, malgré le nombre de titres détenu est démotivante ainsi que le mode de répartition des résultats.

3. Danger pour le sociétaire

La majorité en nombre lui sera imposée malgré son pourcentage de capital détenu.

4. Régime juridique des SEM

La société d'économie mixte est une personne morale de droit privé dont le capital est détenu par des personnes morales de droit public (État, collectivités locales) et des personnes privées.

Elle peut revêtir la forme d'une société commerciale (SA, SARL...). Les sociétés d'économie mixte locales doivent obligatoirement revêtir la forme de société anonyme.

Les personnes publiques associées d'une SEM doivent détenir plus de la moitié du capital social ; la société est immatriculée au RCS et a, de ce fait, la personnalité morale.

5. Capital minimum d'une SEM

- 225 000 € pour les SEM dont l'objet est la construction d'immeubles à usage d'habitation, de bureaux ou de locaux industriels destinés à la vente ou à la location.
- 150 000 € pour les SEM d'aménagement.

6. Représentation des personnes publiques associées

Le représentant de la collectivité territoriale associée (commune, département ou région) devra avoir au moins un poste au conseil d'administration ou au conseil de surveillance.

7. Activité de service public d'une SEM

Si la SEM a une activité de service public, elle pourra prendre des actes administratifs unilatéraux dont le contentieux relèvera des juridictions administratives.

Cas pratiques

1 Dana – Demaret

Dans une société les réserves peuvent servir à apurer les pertes ; dans une société coopérative cette possibilité n'est envisageable que si les statuts l'ont prévue dans une clause (art. 18 L. 1947).

L'associé d'une coopérative qui veut se retirer ne peut prétendre au remboursement de son apport car il doit contribuer aux pertes, les statuts de sa société n'ayant pas inclus une clause d'imputation des pertes sur les réserves.

2 SEM ZAC Tranbaud

1. Nature de la SEM à créer

Une collectivité locale peut s'associer à des personnes privées pour réaliser une opération de construction et créer une société d'économie mixte locale sous la forme d'une société anonyme.

Son capital social devra être de 225 000 € minimum, détenu pour plus de la moitié par la personne publique.

2. Dirigeants de la SEM

Étant une SA, la SEM sera dirigée par un directeur général si la SA est avec conseil d'administration, et par un directoire si la SA est à directoire et conseil de surveillance.

Le représentant de la collectivité territoriale (le maire en l'espèce) doit avoir un poste au moins au conseil d'administration ou au conseil de surveillance.

3. Risque encouru par le directeur général d'une SEM

Il est identique à celui du directeur général d'une société anonyme : responsabilité civile pour fautes et responsabilité pénale pour infractions à la législation.

4. Contrôle de la SEM

- Par le commissaire aux comptes de la société.
- Par le représentant de l'État dans le département du siège social de la société qui peut saisir la chambre régionale des comptes.

5. Autre montage juridique

La création d'un groupement d'intérêt public peut être envisagé.

17 Les autres groupements : les groupements d'intérêt économique, les associations

Tests

1. Le GIE n'est pas une société

Il ne répond pas à la définition du contrat de société prévu par l'art. 1832 du Code civil :
- il peut être constitué avec ou sans capital ;
- il ne donne pas lieu, pour lui-même, à recherche et partage de bénéfices, mais il ne lui est pas interdit d'en réaliser ;
- son objet doit être le prolongement de l'activité de ses membres, il est donc moins large que celui d'une société ;
- son fonctionnement n'est soumis à aucune règle contraignante.

2. Différence entre GIE et association

L'association est un groupement de plusieurs personnes dans un but désintéressé alors que le GIE est destiné à faciliter ou à développer l'activité économique de ses membres, à améliorer ou à accroître les résultats de cette activité.

Le GIE doit avoir un but économique et peut générer des bénéfices.

Le GIE jouit de la personnalité morale et de la pleine capacité juridique alors que seule l'association déclarée d'utilité publique à la pleine capacité juridique (les associations non déclarées n'ont pas la capacité juridique et les associations déclarées une capacité juridique limitée).

3. Régime de responsabilité en cas de dettes dans le GIE

Les membres du GIE sont indéfiniment et solidairement responsables des dettes du groupement. Un créancier du groupement peut s'adresser à l'un quelconque des membres pour obtenir le paiement de la totalité de sa créance, si le groupement est dans l'impossibilité d'acquitter sa dette.

4. Obligations des membres du GIE

- *Envers les tiers :* contribution au paiement des dettes du groupement sur leur patrimoine propre de façon solidaire.
- *Envers les autres membres du groupement :* dans le silence des textes, on peut penser que la contribution de chaque membre du groupement au paiement des dettes de celui-ci incombe dans la proportion de ses droits au partage des bénéfices ou, à défaut de précision sur ce point, par « part virile ».

  La solidarité des dettes du groupement n'est applicable que dans les rapports avec les tiers.

  En cas d'apports, les membres du groupement sont tenus de libérer leurs apports dans les conditions prévues par le contrat.

5. Régime fiscal du GIE

Il est soumis au même régime que les sociétés en nom collectif (IR) s'il n'a pas opté pour le régime de l'impôt sur les sociétés.

Les membres personnes physiques doivent, chaque année, inclure dans leur revenu la part de profit du groupement.

Les membres passibles de l'impôt sur les sociétés doivent inclure dans leur bénéfice la part de bénéfices générés par le GIE.

6. Différence entre association et société

Le but de la société est le partage des bénéfices ou des économies réalisés. Le but d'une association n'est pas lucratif (but autre que de partager des bénéfices, selon la loi).

7. Éléments du contrat d'association

- Des personnes physiques ou morales : deux minimum.
- Une mise en commun de connaissances ou d'activité des personnes.
- Un objet qui sera l'activité de l'association, qui doit être licite et non lucratif.
- Un contrat qui lie les personnes.

8. Conditions d'acquisition de la personnalité juridique d'une association

- Déclaration écrite de l'association auprès de la préfecture (ou de la sous-préfecture).
- Dépôt des statuts de l'association (joints à la déclaration).
- Demande d'insertion en vue de la publication au *Journal officiel.*

9. Réalisation et partage des bénéfices par une association

Une association peut être amenée à réaliser des bénéfices si elle a des activités lucratives pour financer ses besoins, mais elle ne pourra pas les partager entre ses membres.

10. Étendue de la responsabilité

a) de l'association

Elle engage sa responsabilité civile contractuelle envers ses membres.

Elle engage sa responsabilité civile contractuelle et délictuelle envers les tiers.

Elle a une responsabilité pénale dans les cas prévus par la loi.

b) des membres de l'association

Ils engagent leur responsabilité civile contractuelle envers l'association mais ils ne sont pas tenus par les engagements pris par l'association envers les tiers.

Par contre, les dirigeants engagent leur responsabilité civile pour les fautes commises dans la gestion de l'association et leur responsabilité pénale en cas d'infractions commises.

11. Représentation de l'association. Pouvoirs des dirigeants

- Les statuts déterminent librement le statut des organes de direction et leurs pouvoirs ; ce sont des personnes physiques ou morales (représentées alors par des personnes physiques) qui reçoivent mandat des membres pour diriger l'association.
- Le dirigeant peut effectuer tous les actes de la vie civile (sauf ceux réservés aux assemblées). Il représente l'association envers les tiers.

12. Rôle de l'assemblée générale de l'association

Déterminé par les statuts. En l'absence de dispositions législatives, réglementaires ou statutaires, les tribunaux considèrent que l'assemblée est l'organe souverain de l'association et s'étend :

- aux actes dépassant l'administration courante,
- à la nomination et à la révocation des dirigeants,
- aux modifications statutaires,
- à la dissolution de l'association,
- au vote des conventions conclues entre l'association ayant une activité économique et ses mandataires sociaux.

13. Affectation du « boni de liquidation » d'une association

Il est dévolu, selon les statuts ou l'assemblée générale, à un ou plusieurs bénéficiaires (autres que des membres de l'association) qui seront soit une autre association, soit une autre personne morale de droit privé.

Cas pratiques

1 Papaluna

Ce groupement d'intérêt économique serait constitué par trois personnes morales, ce qui est possible, et pour une durée déterminée (8 ans).

L'objet vise à développer l'activité économique des membres et se rattache à celle-ci : développement des ventes d'emballages divers produits par les trois sociétés.

Le groupement d'intérêt économique peut être constitué sans capital (cas d'espèce). Ses membres ont une responsabilité indéfinie et solidaire.

Il sera administré par un ou plusieurs administrateurs qui peuvent être des personnes morales. Donc les trois sociétés ou l'une d'entre elles, selon leur volonté, devront désigner un représentant permanent qui occupera les fonctions d'administrateur.

Le contrôle du groupement d'intérêt économique sera effectué par les membres exerçant le droit de vote dans les assemblées, par des contrôleurs de gestion, personnes physiques, désignés par les membres, parmi eux ou en dehors d'eux.

Ils pourront aussi désigner un commissaire aux comptes qui s'avérera obligatoire selon l'importance du groupement d'intérêt économique (si le groupement émet des obligations ou s'il compte au moins cent salariés à la clôture d'un exercice ; le commissaire aux comptes est nommé par l'assemblée des membres pour 6 exercices).

2 GMF

Définition du GEIE

Le groupement européen d'intérêt économique est une structure juridique introduite en France par la loi du 13.06.89 et l'arrêté du 20.06.89, à la suite du règlement du Conseil des communautés européennes du 25.07.85 qui l'a institué.

Il regroupe des personnes physiques et/ou des personnes morales dans le but de faciliter ou de développer l'activité économique de ses membres, d'améliorer ou d'accroître les résultats de cette activité.

Objet

En général, l'objet a pour but de faciliter ou de développer l'activité économique de ses membres.

Il s'agit ici de développer l'activité d'assurance des membres sur le plan européen.

Membres

- La GMF, assureur français.
- La Société européenne d'assurances (Luxembourg).
- La Huk Coburg (Allemagne).
- Le Nueva Corp. (Espagne).

La condition de deux membres relevant de deux États différents de l'Union européenne est bien remplie : 4 membres, 4 nationalités différentes.

Il s'agit d'un groupement européen d'intérêt économique sans capital, ce qui est parfaitement possible. Les frais de fonctionnement seront répartis entre les membres selon le contrat constitutif.

Organisation

Il sera dirigé par un ou plusieurs gérants choisis parmi les membres ou en dehors d'eux. Les membres délibèreront dans des assemblées, leur responsabilité est indéfinie et solidaire. Des contrôleurs de gestion seront désignés par les membres et, compte tenu de l'importance de ce groupement européen d'intérêt économique, il est probable que des commissaires aux comptes seront également désignés.

3 Filiale commune/GIE

Régime de la filiale commune

C'est une société de type SA, SARL, SNC..., qui sera créée par des associés (personnes physiques ou personnes morales) qui vont développer en commun une activité (objet social) accessoire ou complémentaire à leur activité propre.

C'est sous cette forme que se réalisent le plus souvent les « joint-ventures ».

Les associés conviennent d'une répartition de capital en fonction de leurs apports.

Préférence pour la filiale commune

- Les associés perçoivent les bénéfices de la filiale commune.
- Les associés ont la responsabilité de la forme juridique choisie (limitée ou illimitée).
- La filiale commune peut bénéficier d'un régime fiscal plus avantageux.

4 Cas P'tits Loups

Vérification des conditions de fond

- Des personnes physiques (les parents) sont les membres de l'association.
- Une mise en commun d'activité (la garde des enfants). Ils apportent aussi des biens (meubles).
- Un objet non lucratif : la garde des enfants.
- Les membres s'engagent par un contrat (les statuts) à verser une cotisation qui est obligatoire pour adhérer à une association.

Formalité nécessaire pour l'acquisition de la personnalité juridique par l'association

Une demande d'insertion doit être remplie en vue de sa publication au *Journal officiel*, en plus du dépôt des statuts et de la déclaration à la préfecture.

Ressources de l'association

Les cotisations et la subvention de la commune. D'autres ressources sont possibles (voir le § du manuel « ressources d'une association »).

5 Cas Riva

Les statuts de l'association fixent le statut du dirigeant. En général, il exerce ses fonctions de président gratuitement, mais peut être remboursé des frais qu'il engage dans l'intérêt de l'association (déplacements, etc.).

M. Truc ne pouvait pas s'attribuer la rémunération de 800 €.

Il appartient à l'assemblée générale de le révoquer à la majorité statutaire ; à défaut de précision statutaire, à la majorité des membres présents ou représentés.

L'association pourra engager la responsabilité civile (pour faute de gestion) ou pénale (pour abus de biens de l'association) du président.

PARTIE 4

Les restructurations et les groupes de sociétés

18 La transformation des sociétés

Tests

1. Transformation d'une société civile en société commerciale

Le changement de la nature civile en commerciale ne crée pas une personnalité morale nouvelle (art. 1844-3 C. civil).

2. Rapports à établir en cas de transformation d'une SARL en SA

Les rapports à établir par les commissaires en cas de transformation d'une SARL en SA sont :

- le rapport du CAC sur la situation de la société ;
- le rapport du commissaire à la transformation sur la valeur de l'actif social, les avantages particuliers et l'attestation que les capitaux propres sont au moins égaux au capital social. Il n'y aura qu'un seul rapport sur ces divers points si une même personne a été chargée de ces deux missions.

Depuis la loi du 01.08.2003, si la SARL est déjà dotée d'un commissaire aux comptes, elle est dispensée de la désignation du commissaire à la transformation (art. L. 224-3 C. com.).

3. Transformation d'une SA en SNC

- *Les dirigeants :* leurs fonctions cessent au jour de la prise d'effet de la transformation.
- *Les commissaires aux comptes :* si la société en nom collectif n'a pas l'obligation d'avoir un commissaire aux comptes, les fonctions de celui-ci dans la société anonyme prennent fin à la date de prise d'effet de la transformation.

4. Incidences d'une transformation d'une SARL en SA sur les titres

- La transformation approuvée d'une SARL en SA entraîne la modification des titres : les parts sociales cessibles sous certaines conditions deviennent des actions négociables librement.

5. Les conditions essentielles de la transformation d'une SARL en SA sont :

- Avoir au moins 7 associés.
- Avoir au moins un capital de 37 000 €.
- L'objet de la SARL doit être licite en SA.
- Présenter un rapport d'un commissaire aux comptes sur la situation de la société.
- Présenter un rapport d'un commissaire à la transformation sur la valeur de l'actif social, les avantages particuliers. Il doit attester aussi que le montant des capitaux propres st au moins égal au capital social. Ce rapport n'est pas exigé si la SARL est dotée d'un commissaire aux comptes.
- Approbation de la décision de transformation aux conditions exigées pour la modification des statuts (ou majorité des parts sociales si les capitaux propres de la SARL excèdent 750 000 €). Sanction : nullité de la transformation.

6. Date d'effet de la transformation

La transformation prend effet :

- au jour décidé par l'assemblée générale extraordinaire vis-à-vis des associés ;
- après les formalités de publicité (journal d'annonces légales, inscription modificative au registre du commerce et des sociétés, dépôt au greffe, BODACC) vis-à-vis des tiers.

7. Causes de nullité d'une transformation

- Irrégularité dans les règles relatives aux AGE.
- Irrégularité dans les opérations de transformation.
- Non-respect de la règle de l'unanimité pour la transformation d'une SARL en SNC, SCS, SCA ; de la règle de la majorité extraordinaire pour la transformation de la SARL en SA (ou majorité des parts sociales si les capitaux propres figurant au dernier bilan excèdent 750 000 €).
- Non-établissement du rapport du commissaire aux comptes sur la situation de la société.
- Défaut d'approbation du rapport du commissaire à la transformation par les associés.

8. Risque de transformation irrégulière d'une société

La transformation régulière d'une société n'entraîne pas la création d'une personne morale nouvelle (art. L. 210-6 al. 1 C. com.).

Dans le cas inverse, il y aurait dissolution de l'ancienne société (donc liquidation) et création d'une nouvelle société.

Il faudrait verser les droits d'enregistrement et autres impositions afférents à une dissolution et ceux relatifs à la création d'une société.

9. Transformation d'une société sans personnalité morale

Une société sans personnalité morale n'est pas un être juridique, elle n'a donc pas de forme juridique. La transformation d'une société étant l'opération consistant à changer la forme juridique d'une société, il est impossible de transformer une société sans personnalité morale. Il faudra créer une des sociétés proposées par le législateur.

Sur le plan fiscal, la transformation d'une société en participation en une société dotée de la personnalité morale n'est pas assimilée à la création d'un être moral nouveau si les statuts de la SEP ont été enregistrés lors de sa création.

10. Conditions et conséquences de la transformation d'une SA en SNC

- *Conditions :*
  - les actionnaires doivent avoir la capacité de faire le commerce ;
  - la décision de transformation de la SA en SNC nécessite l'accord de tous les associés (art. L. 225-245 C. com.).
- *Conséquences :*
  - les associés deviennent indéfiniment et solidairement responsables des dettes sociales envers les tiers à dater de la publicité de la transformation ;
  - le commissaire à la transformation n'a pas à intervenir puisque dorénavant le gage des créanciers n'est pas seulement le capital social mais les patrimoines personnels de tous les associés.

Cas pratiques

1 Rivertel

1. Transformation de la société

La transformation d'une société est une modification statutaire qui n'entraîne pas la création d'un être moral nouveau si elle est régulière (art. L. 210-6 al. 1 C. com.). Les conditions requises pour la nouvelle société doivent être respectées.

Conditions de la transformation de la SARL en SA

Conditions de la transformation tenant à la SARL

- Établissement d'un rapport d'un commissaire aux comptes sur la situation de la société. M. Perfectaud peut en être chargé.
- La SARL étant dotée d'un CAC, elle est dispensée de l'établissement du rapport du commissaire à la transformation.
- La décision de transformation est une décision extraordinaire prise aux 3/4 des parts sociales, ou à la majorité des parts sociales si le montant des capitaux propres excède 750 000 €. Dans le cas d'espèce, les capitaux propres dépassent 750 000 € (ils sont de 760 000 €) : les époux Ripert disposant de la majorité du capital social (4 760 parts sur 7 300 parts), la transformation sera votée.
- Adoption des nouveaux statuts et nomination des dirigeants de la SA.
- Formalités de publicité : ce sont celles de toute modification statuaire (journal d'annonces légales, dépôt au greffe, inscription au registre du commerce et des sociétés, BODACC).

NB : Si la SARL a été constituée avant le 03.08.2005, les familles Job et Artil disposent de 31,25 % du capital. Ils ont la minorité de blocage pour les décisions extraordinaires dans la SARL (qui se situe à 25 % + 1 part) mais ils la perdraient en transformant la SARL en SA (car la minorité de blocage est alors de 33,33 % + 1 action).

Conditions de la transformation tenant à la SA

- 7 associés : c'est le cas.
- 37 000 € de capital social : il est actuellement de 140 000 €. Les conditions sont donc remplies.

Conditions de la transformation de la SARL en SAS

Conditions tenant à la SAS

- 1 associé (SASU) ou 2 associés personnes physiques ou morales (SAS).
- 37 000 € de capital : toutes les actions doivent être nominatives.
- La SA ne doit pas faire appel public à l'épargne.

Ces conditions seront remplies.

Conditions tenant à la SARL

- Le rapport du CAC sur la situation de la société.
- Un commissaire à la transformation est nécessaire si la SARL n'est pas dotée d'un CAC. Dans ce cas, sa nomination n'est pas exigée puisqu'un CAC existe dans la SARL Riventel.
- La décision de transformation est prise à l'unanimité des associés : dans ce cas, elle ne pourra avoir lieu compte tenu de l'opposition de certains associés.

2. Le poste de gérant

À dater de la décision de transformation vis-à-vis des associés, le mandat du gérant prend fin, mais, vis-à-vis des tiers, c'est à dater de la publication de la transformation.

M. Ripert pourra devenir directeur général et président du conseil d'administration (PCA) de la future société anonyme si les futurs actionnaires le décident. Il est fort probable que, malgré l'arrivée de trois nouveaux associés, il détiendra encore la majorité.

Il pourra devenir le président de la SAS s'il est élu par les associés.

3. Rôle du commissaire aux comptes au cours de la transformation et avenir de son mandat

Le CAC doit établir le rapport sur la situation de la société.

La transformation ne met pas fin aux fonctions du commissaire aux comptes sauf si la société nouvelle ne l'impose pas. Or, dans la société anonyme et dans la SAS, la présence d'un commissaire aux comptes est obligatoire. Le mandat continue et expirera à la date initialement prévue en tenant compte de la durée accomplie sous la forme ancienne.

2 Dame au Lotus

Il s'agit de la transformation d'une SARL en SA.

1. Conditions préalables à la transformation

- La décision est précédée du rapport d'un CAC sur la situation de la société.
- Sanction : nullité. (*NB :* cette précision peut être apportée, par les candidats, plus loin : lors du vote proprement dit.)
- La désignation d'un commissaire à la transformation n'est pas exigée puisque la SARL est dotée d'un CAC.

  NB : 8 jours avant l'AGE, dépôt du rapport au siège et au greffe du tribunal de commerce.

- Conditions de fond de la SA :
  - capital : 37 000 € ;
  - 7 actionnaires au moins ;
  - objet licite en SA.

2. Conditions de majorité

- Règle générale : vote de la transformation par les associés par décision extraordinaire.
- Exception : vote à la majorité des parts si les capitaux propres au bilan excèdent 750 000 €.

Dans le cas présent il faudra atteindre la majorité 3/4 ou 2/3 des parts sociales selon la date de constitution de la société car les capitaux propres sont inférieurs à 750 000 € (493 000 €). Rodolphe et Nicolas détenant 49,5 % du capital feront échec à la transformation.

La perspective de nouveaux associés (SA Promer et SA Bio-Santé) par cession (départs ou augmentation de capital) aurait abouti à une modification de la répartition du capital. Les opposants (Rodolphe et Nicolas) auraient vendu leurs parts ou se trouveraient peut-être minoritaires à la suite d'une augmentation de capital.

Les capitaux propres auraient pu ainsi, dans deux ans, atteindre le seuil de 750 000 € et ne pas permettre aux 2 associés opposants de faire échec à la transformation puisque la majorité des parts sociales suffirait.

La décision de transformation aurait donc été plus facile à obtenir.

3. Désignation des organes de la nouvelle forme sociale

- Admettre l'une des deux solutions ci-après :
  - *nomination statutaire* du conseil d'administration ou du conseil de surveillance. Ils sont nommés en même temps que les nouveaux statuts sont adoptés ;
  - *nomination décidée*, après transformation des statuts, par la première assemblée tenue au sein de la SA.
- Organes de contrôle : le CAC reste en fonction jusqu'à la fin de son mandat prévu sous l'ancienne forme de SARL.

4. Formalités de publicité

- Insertion au JAL.
- Enregistrement des nouveaux statuts.
- Dépôt au greffe :
  - de deux exemplaires du PV de l'assemblée ayant décidé la transformation ;
  - des nouveaux statuts.
  - de deux exemplaires relatifs à la nomination des nouveaux dirigeants (s'ils ne sont pas statutaires) ;
- Dépôt du ou des rapports des commissaires.
- Inscription modificative au RCS.
- Insertion au BODACC.

5. Application au cas

- Majorité des 3/4 nécessaire car les capitaux propres sont inférieurs à 750 000 €.
- Rodolphe et Nicolas peuvent effectivement «bloquer» la décision avec 42 % des parts sociales. Abus de minorité possible (à prouver).

3 Sovaga

Il s'agit d'une SARL qui se transforme en SA.

1. Contenu du rapport du commissaire à la transformation

Le commissaire R. Legian a été nommé par le président du tribunal de commerce sur requête du gérant de la SARL Sovaga pour établir les deux rapports obligatoires lors d'une transformation de SARL en SA. La loi prévoit qu'une même personne peut effectuer les deux missions contenues dans un seul rapport (cas d'espèce).

On trouve :

- le rapport sur la situation de la société établi par le commissaire aux comptes : il comporte un examen comptable et juridique de la société, et atteste que le montant des capitaux propres est au moins égal au capital social (15 497 € dans le cas alors que le capital social est de 8 000 €) ;
- le rapport sur l'évaluation des biens et les avantages particuliers du commissaire à la transformation : il fait ressortir l'analyse de la valeur des biens composant l'actif social (actif immobilisé, actif circulant) et le passif exigible. Il conclut que les valeurs des biens sont conformes aux règles et principes comptables et constituent une évaluation normale. Il constate qu'aucun avantage particulier n'a été consenti à des associés ou des tiers dans la SARL Sovaga.

2. Justification des résolutions à l'ordre du jour de l'assemblée générale de transformation

1re résolution : Augmentation de capital

Le capital minimum légal d'une SA est de 37 000 € alors que celui de la SARL est de 8 000 € actuellement. Il faut donc augmenter le capital : c'est une augmentation de capital par incorporation de réserves avec création de parts nouvelles qui a été choisie.

La décision d'augmentation du capital est une décision extraordinaire puisqu'elle modifie les statuts mais la majorité nécessaire n'est pas celle des trois-quarts des parts sociales compte tenu du type d'augmentation choisie : la décision doit être prise par les associés représentant au moins la moitié des parts sociales. Dans le cas, tous les associés sont favorables. C'est pourquoi la décision a été prise à l'unanimité.

2e résolution : La cession de parts

Le nombre minimum d'associés dans une SA doit être de sept. Actuellement, il y a deux associés dans la SARL. La cession de cinq parts sociales permettra à cinq personnes de devenir actionnaires de la SA, portant le nombre total à sept (minimum légal dans une SA).

La décision de cession de parts à des tiers dans une SARL doit être prise par la majorité des associés représentant au moins la moitié des parts sociales : dans le cas, les deux associés représentent la majorité des associés et ils détiennent 100 % du capital. Le vote à l'unanimité répond aux exigences légales.

3e résolution : Transformation de la SARL en SA

La décision doit être prise par les associés à la majorité extraordinaire. Les deux associés ont voté favorablement (vote à l'unanimité). Le vote est légal.

4e résolution : Nomination des administrateurs

S'agissant de la transformation d'une SA avec conseil d'administration, il faut nommer au moins trois administrateurs (cas d'espèce) à la majorité ordinaire. Dans le cas, le vote a eu lieu à l'unanimité. Le vote est légal.

5e résolution : Nomination d'un commissaire aux comptes

La présence d'un commissaire aux comptes est obligatoire en SA. Sa nomination doit faire l'objet d'un vote à la majorité ordinaire. Dans le cas, la résolution a été adoptée à l'unanimité. Le vote est légal.

6e résolution : Procuration donnée pour effectuer les formalités légales

L'assemblée donne mandat d'effectuer les démarches légales pour le compte de la société.

La transformation est une modification statutaire. Elle devra être :

- enregistrée ;
- publiée : insertion dans un JAL, dépôt au greffe des nouveaux statuts et procès-verbal de l'AG de transformation, inscription modificative au RCS, publication au BODACC.

19 La concentration

Tests

1. La *fusion* entraîne la dissolution sans liquidation, ni partage de la société absorbée dans le cadre d'une fusion-absorption.

2. Le *commissaire à la fusion* a pour mission de vérifier chez l'absorbée que les valeurs des actions sont correctement évaluées et que le rapport d'échange est équitable. Chez l'absorbante, il apprécie la valeur des apports en nature et vérifie que l'actif net apporté est au moins égal au montant de l'augmentation du capital de la société absorbante.

La loi du 11.02.1994 a supprimé la désignation du *commissaire aux apports* dans la société absorbante. Désormais le rôle du commissaire aux apports est dévolu au commissaire à la fusion.

« En outre, les commissaires à la fusion apprécient sous leur responsabilité la valeur des apports en nature et les avantages particuliers et établissent à cet effet un rapport. »

Toutefois l'intervention du commissaire aux apports a été maintenue dans le régime simplifié (quand la société absorbante détient 100 % de l'absorbée).

3. Le *régime simplifié des fusions* s'applique aux filiales à 100 %. Dans ce cas, les associés sont indirectement les mêmes. Il n'est donc pas utile de mettre en place une procédure lourde destinée en partie à assurer leur protection.

La simplification du régime consiste :

- pas de réunion d'une assemblée de la société absorbée ;
- pas d'intervention d'un commissaire à la fusion ;
- pas de rapport du conseil d'administration, du directoire ou des gérants sur la fusion.

La fusion sera seulement approuvée par l'AGE des associés de la société absorbante au vu du rapport d'un commissaire aux apports désigné en justice (art. L. 236-11 C. com.).

4. *Règles de publicité en cas de fusion ou de scission :* dépôt du traité de fusion ou de scission, rapport du commissaire à la fusion ou à la scission, avis dans un journal d'annonces légales, formalités d'enregistrement, déclaration de conformité ; inscription modificative au registre du commerce et des sociétés, insertion au BODACC.

5. Le *régime des nullités* est très restrictif *en matière de fusion* afin de ne pas « insécuriser » la vie des affaires par des remises en cause juridiques qui auraient des conséquences graves en matière économique.

6. *L'apport partiel d'actif est une sorte de scission* car il constitue un détachement partiel du patrimoine sans liquidation ni partage. Il est différent car la société qui effectue l'apport subsiste, n'est pas dissoute alors que, dans le cas d'une scission, la société scindée est dissoute.

7. Transmission universelle du patrimoine

L'ensemble des droits et obligations d'une société absorbée entre dans le patrimoine de la société absorbante à la suite d'une fusion par absorption.

Le patrimoine de la société absorbée après fusion est dévolu à l'absorbante.

L'ensemble de l'actif et du passif est donc transmis.

La transmission universelle du patrimoine s'applique dans le cas d'une fusion par absorption et dans le cas particulier où tous les titres d'une société sont détenus dans une seule main ; dans ce cas, l'associé unique peut décider de la dissolution de la société, cette dissolution ne sera pas suivie d'une liquidation mais entraîne la transmission universelle du patrimoine de la société dissoute à l'associé unique s'il s'agit d'une personne morale.

Si l'associé unique est une personne physique, il faudra procéder à la liquidation ; la règle de la transmission universelle a été écartée dans ce cas.

Cas pratiques

1 Sosi et Humo

1. Type de fusion

Il s'agit d'une fusion par absorption : la SA Humo absorbe la SA Sosi.

2. Calcul de la prime de fusion

Chaque fois que la valeur réelle des actions ou parts de la société absorbante excède leur montant nominal, la différence entre la valeur des biens reçus en apport et le montant de l'augmentation de capital de la société absorbante doit être portée au passif du bilan à un compte « prime de fusion ».

La prime de fusion est donc la différence entre la valeur estimée et la valeur nominale.

3. Le boni de fusion

Chaque fois que la participation que détient la société absorbante (SA Humo détient 87,67 % de la SA Sosi) dans la société absorbée a une valeur comptable inférieure à la valeur d'apport de la fraction de l'actif net de la société absorbée correspondant aux droits de la société absorbante, la différence constitue le boni de fusion. Ce boni correspond à une plus-value ; contrairement à la prime de fusion, il est distribuable.

4. Méthodes d'évaluation pour fixer les parités

Elles sont multiples : souvent elles combinent de façon variable la valeur intrinsèque ou mathématique (valeur vénale du patrimoine de la société), la valeur liquidative (valeur mathématique diminuée des frais d'impôt qu'entraînerait la liquidation de la société), la valeur de rendement (capitalisation à des taux à déterminer, soit de la marge brute d'autofinancement de la société, soit du bénéfice net, soit du dividende moyen distribué par la société) et la valeur boursière (prise en compte du cours moyen de l'action si elle est cotée ou, sinon, des cours des valeurs de sociétés comparables).

À noter que le commissaire à la fusion doit indiquer dans son rapport la ou les méthodes d'évaluation suivies et si elles sont adéquates.

Dans la fusion Sosi/Humo, la même méthode d'évaluation a été utilisée dans les deux sociétés : la valeur comptable réévaluée.

5. Opinion sur la fusion et sur le boni de fusion

Le boni de fusion montre une plus-value confortable qu'effectue la société Humo en absorbant la société Sosi.

Cette fusion par absorption est une opération saine pour la société absorbante.

6. Sort du boni de fusion

Il est distribuable, ce qui permet à l'absorbante de récupérer une partie des actifs de l'absorbée au profit des actionnaires.

Si le boni de fusion est important, la fusion dégage des plus-values récupérables par les nouveaux associés (d'autant plus intéressant que les plus-values constatées en matière de fusion peuvent ne pas être imposables).

2 Champorus

1. Parité d'échange

- Valeur de l'action Champorus : $\dfrac{200\ 000}{1\ 000} = 200$ €
- Valeur de l'action Coline : $\dfrac{100\ 000}{1\ 000} = 20$ €
- Le rapport d'échange est donc de : $\dfrac{200}{20} = 10$

Il faudra 10 actions de la société anonyme Coline pour 1 action de la société anonyme Champorus.

2. Augmentation de capital

- M. André Rodolphe recevra : $\frac{3\,000}{10}$ = 300 actions de Champorus.
- MM. Jean Roberto et Paul Jeanalain recevront chacun : $\frac{500}{10}$ = 50 actions.
- M. Louis Pastor recevra : $\frac{150}{10}$ = 15 actions.
- M. Gabriel Pastor recevra : $\frac{350}{10}$ = 35 actions.
- M. Vincent Radiguet recevra : $\frac{250}{10}$ = 25 actions.
- Mme Pierrette Mousson recevra : $\frac{250}{10}$ = 25 actions.

Soit un total de 500 actions de la société anonyme Champorus qui vont être créées.

La valeur des actions étant de 1 000 € de nominal chacune, l'augmentation de capital sera de : 1 000 × 500 = 500 000 €.

3. Calcul de la prime de fusion

Elle est égale à la valeur réelle des actions Champorus (200 €) moins leur valeur nominale (100 €), soit donc 100 €. La prime de fusion aura un montant global de :
100 × 500 actions nouvelles = 50 000 €.

4. Chronologie des opérations

- Préparation du projet de fusion par les deux sociétés.
- Convocation du CA de chaque société.
- Délibération du CA arrêtant le projet de chaque société.
- Rédaction du projet de traité de fusion.
- Requête au président du tribunal de commerce aux fins de désignation d'un commissaire à la fusion.
- Communication du projet de fusion au commissaire à la fusion.
- Dépôt au greffe du tribunal de commerce du projet de fusion.
- Avis dans un journal d'annonces légales du projet de fusion.
- Opposition des créanciers au projet de fusion (dans les 30 jours de l'avis dans le JAL).
- Dépôt du rapport du commissaire à la fusion au siège social au moins un mois avant l'AGE.
- Avis de convocation de l'AGE dans un JAL.
- Envoi ou mise à disposition des documents d'information aux actionnaires.
- Réunion et délibération de l'AGE sur la fusion.

- Enregistrement du PV de l'AGE.
- Avis dans le JAL (dissolution et augmentation de capital).
- Déclaration de conformité.
- Dépôt au greffe (CFE).
- Inscription modificative au RCS (radiation pour l'une, modification du capital pour l'autre).
- Publication au BODACC.

20 Les groupes de sociétés

Tests

1. Cas de contrôle d'une société par une autre

L'article L. 233-3 C. com. énonce qu'une société est considérée comme en contrôlant une autre :
- lorsqu'elle détient directement ou indirectement une fraction majoritaire des droits de vote dans les assemblées de cette société (*contrôle de droit*) ;
- ou lorsqu'elle dispose seule de la majorité des droits de vote dans cette société en vertu d'un accord conclu avec d'autres associés ou actionnaires et qui n'est pas contraire à l'intérêt de la société (*contrôle conjoint*) ;
- ou lorsqu'elle détermine en fait, par les droits de vote dont elle dispose, les décisions dans les assemblées générales de cette société (*contrôle de fait*) ;
- ou elle est présumée exercer ce contrôle lorsqu'elle dispose, directement ou indirectement, d'une fraction des droits de vote supérieure à 40 % et qu'aucun autre associé ou actionnaire ne détient directement ou indirectement une fraction supérieure à la sienne (*contrôle présumé*).

Deux ou plusieurs personnes agissant de concert sont considérées comme en contrôlant conjointement une autre lorsqu'elles déterminent en fait, dans le cadre d'un accord en vue de mettre en œuvre une politique commune, les décisions prises dans les assemblées générales de cette dernière.

2. Structure de groupes

- *Structure pyramidale :* la société mère détient une participation dans une société filiale, qui, elle-même a une participation dans une autre filiale et ainsi de suite.
- *Structure radiale :* une société mère prend des participations directes dans diverses sociétés.
- *Structure circulaire :* la société mère prend des participations dans des sociétés qui, à leur tour, en prendront dans d'autres. La mère détenant des titres de la dernière filiale.

3. Participations réciproques (ou croisées)

Il y a participation réciproque quand une société détient une participation dans une autre et que cette dernière a une participation dans la première.

Pour éviter les abus, le législateur a réglementé les participations réciproques directes :
- entre sociétés par actions : une société par actions (A) ne peut posséder d'actions d'une autre société (B) si (B) détient une fraction du capital de (A) supérieure à 10 % ;
- entre une société par actions et une autre société : 2 hypothèses sont envisagées :
  - la société par actions (A) détient plus de 10 % du capital de l'autre société (B). Dans ce cas (B) ne peut posséder aucune action de la société (A),
  - la société par actions (A) détient une fraction égale ou inférieure à 10 % du capital de la société (B). Dans ce cas la société (B) ne peut posséder une fraction supérieure à 10 % des actions émises par la société (A).

- *Avantages de la participation réciproque :*
  - elle gonfle artificiellement l'actif apparent des sociétés en cause dans la mesure où chaque société se trouve indirectement, par l'intermédiaire de l'autre, propriétaire de ses propres parts ou actions ;
  - elle permet un verrouillage de la direction. Les dirigeants sociaux deviennent pratiquement irrévocables.

- *Les contraintes :*
  - financières : la prise de participation a un coût. L'aléa de l'activité de la société dans laquelle on a une participation peut se révéler préjudiciable ;
  - juridiques : il y a un contrôle réciproque des sociétés à travers les droits de vote que confère la participation.

4. Différences entre contrôle direct et contrôle indirect

Le *contrôle* est *direct* quand une société a la majorité des droits de vote dans une société.

Le *contrôle* peut être *indirect* : pour déterminer si une société en contrôle une autre, il faut totaliser la masse des droits de vote qu'elle détient dans une société et de tous ceux détenus par d'autres sociétés qu'elle contrôle directement ou indirectement quelles que soient la forme juridique ou la nationalité de ces sociétés. Dans le cas de sous-filiales, le contrôle est déterminé en fonction d'une chaîne ininterrompue de contrôles successifs et non pas en procédant au produit des participations.

Autocontrôle

Il y a autocontrôle quand une société assure son propre contrôle par l'intermédiaire d'une ou plusieurs sociétés dont elle détient directement ou indirectement le contrôle.

Il est réglementé : lorsque des actions ou des droits de vote d'une société sont possédés par une ou plusieurs sociétés dont elle détient directement ou indirectement le contrôle, les droits de vote attachés à ces actions ou ces droits de vote ne peuvent être exercés à l'assemblée générale de la société ; il n'en est pas tenu compte pour le calcul du quorum.

Exemple d'auto-contrôle

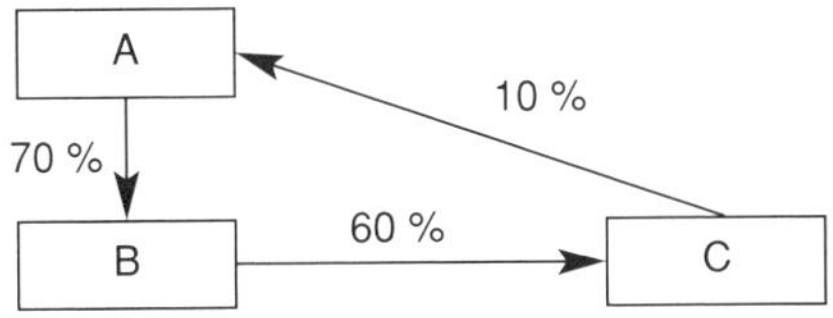

Les 10 % de C dans A sont des actions d'auto-contrôle. Elles seront privées du droit de vote dans les AG de la société A.

5. Obligations des groupes de sociétés

On appelle groupe de sociétés l'ensemble constitué par plusieurs sociétés, ayant chacune leur existence juridique propre, mais unies entre elles par des liens divers en vertu desquels l'une d'elles, dite société mère, qui tient les autres sous sa dépendance, exerce un contrôle sur l'ensemble et fait prévaloir une unité de décision. Le groupe de sociétés n'a pas la personnalité morale. Ses obligations sont les suivantes :

- consolidation des comptes, rapport de gestion du groupe ;
- information des sociétés cotées dans lesquelles une participation significative a été prise ;
- information des associés sur les comptes consolidés ;
- approbation des comptes consolidées pour les SA et SCA (art. L. 225-100 modifié) ; elle ne s'impose pas pour les SAS, SNC ou SARL ;
- publicité des comptes consolidés à destination des tiers ;
- création d'un comité de groupe qui assure aux représentants du personnel une information à un niveau supérieur.

6. Consolidation des comptes

Les sociétés commerciales placées à la tête d'un groupe doivent, quelle que soit leur forme juridique et indépendamment de leurs comptes annuels, établir et publier des comptes consolidés.

- *Exceptions.* Ne doivent pas établir des comptes consolidés :
- les sociétés sous contrôle d'une entreprise qui les intègre dans ses comptes consolidés ;
- les groupes ne dépassant pas deux des critères suivants :
  - total bilan : 15 000 000 €,
  - total CA : 30 000 000 €,
  - nombre moyen de salariés permanents : 500.

- *Méthodes de consolidation.* Trois méthodes en fonction de la situation de contrôle en cause :
  - intégration globale des sociétés placées sous le contrôle exclusif de la société consolidante ;
  - intégration proportionnelle des sociétés contrôlées conjointement ;
  - mise en équivalence pour les sociétés sur lesquelles la société consolidante exerce une influence notable.

7. Dangers pour les sociétés d'un groupe

- La fusion à la suite de concentration d'entreprises concurrentes peut faire disparaître une entreprise du groupe.

- La cession de participations peut faire passer une société du groupe sous le contrôle d'une autre société dont la stratégie peut être différente.

8. Types de holding

- *Holding industriel et financier :* la société mère regroupe des activités économiques proches tout en exerçant elle-même une activité industrielle et financière.
- *Holding exclusivement financier :* la société mère se borne à gérer les diverses participations financières qu'elle possède dans diverses sociétés.

9. Intérêts des sociétés de portefeuille

- *Intérêts financiers :* dividendes et plus-values des participations.
- *Intérêts économiques :* diversification des activités vers des marchés porteurs.

10. Montages juridiques des holdings

- *Le holding par le haut* se crée par regroupement dans la société holding de titres détenus soit par des personnes physiques, soit par des personnes morales dans diverses sociétés indépendantes. En contrepartie de leur apport, les associés reçoivent des titres de la société holding.
- *Le holding par le bas :* une société a diverses activités, totalement différentes, et crée des filiales pour chacune d'elles, qu'elle apporte à une société holding.
- *Le holding de reprise* (par exemple reprise d'entreprise par les salariés, RES) : on crée une société holding par un apport limité en capital et un recours à un endettement maximum, le tout faisant acquisition des titres de la société cible à racheter.

11. Notion de convention libre dans un groupe de sociétés

Dans un groupe de sociétés, il y a de nombreux contrats passés entre les sociétés du groupe (achats, ventes, frais communs dans un groupe, informatique, transactions financières : prêts, avances, cautionnements). Ces conventions seront-elles qualifiées de réglementées ou de conventions libres ?

Une convention libre est une opération courante conclue à des conditions normales. Dans un groupe, le caractère courant de ces contrats peut être présumé, le caractère normal de leurs conditions devra être justifié par la société et apprécié par le commissaire aux comptes. Ce dernier les qualifiera de libres ou de réglementées ; dans ce dernier cas ils figureront dans son rapport spécial lors de l'assemblée générale annuelle.

Dans la SA, le SCA et la SAS, les conventions libres significatives sont communiquées au PCA (ou au PCS et au CAC). Tout associé a le droit d'en obtenir communication (loi NRE).

12. Modalités de constitution des groupes de sociétés

- Création de filiales.
- Prises de participation.
- Conventions de portage.
- Création d'un holding.
- Offre publique d'achat ou d'échange pour une société cotée.

Cas pratiques

1 SA Roberto

L'information selon laquelle les actions Roberto détenues par la société Barou seront « gelées » est-elle exacte ?

1. Situation Roberto

- La société Roberto détient le contrôle direct de droit sur la SA Javon (filiale à 60 %).
- La SA Javon a un contrôle présumé de fait sur la société Barou (dont elle détient plus de 40 % des droits de vote si aucun autre associé ne détient une fraction supérieure).
- Chaîne de contrôle ininterrompue : les actions Roberto détenues par la société Barou sont des actions d'autocontrôle.

2. Réglementation de l'autocontrôle

- Il y a autocontrôle lorsqu'une société par actions assure son propre contrôle par l'intermédiaire d'une ou plusieurs autres sociétés dont elle détient elle-même, directement ou indirectement, le contrôle. Par contrôle, on entend l'intention d'exercer une influence déterminante sur la gestion de la société dont elle a les titres. Selon l'article L. 233-3 C. com., il y a contrôle quand une société :
  - dispose de la majorité des droits de vote. Il y a *contrôle de droit* ;
  - dispose de la majorité des droits de vote en vertu d'un accord avec d'autres associés (pactes d'actionnaires). Il y a *contrôle conjoint* ;
  - peut faire prévaloir son point de vue bien qu'elle n'ait pas le contrôle de droit. Il y a *contrôle de fait* ;
  - dispose directement ou indirectement d'une fraction de droit de vote supérieure à 40 % et qu'aucun autre associé ou actionnaire n'en détient une fraction supérieure (*contrôle présumé*).

  Il y a aussi contrôle conjoint quand deux ou plusieurs personnes agissant de concert déterminent en fait, dans le cadre d'un accord en vue de mettre en œuvre une politique commune, les décisions prises dans les assemblées d'une société.
- Conséquence : les droits de vote attachés aux actions d'autocontrôle sont supprimés lors des assemblées.
- Les actions en cause seront donc écartées pour le calcul du quorum et de la majorité lors de l'AGO de la SA Roberto.

3. Suggestions relatives à l'organisation du groupe

- Suppression des participations amenant un contrôle de fait.
- Création d'un holding par le haut.

4. Régime fiscal applicable

Le régime des sociétés mères sur option.

2 GMBH

1. Participations détenues par G

Dans :
- H : contrôle indirect par une participation de 65 % sur B et de 51 % par B ;
- B : 65 % (contrôle direct de G) ;
- M : contrôle indirect de G par une participation de 65 % sur B et de 51 % par B.

L'article L. 233-4 C. com. apporte une précision sur la notion de contrôle indirect. En effet, toute participation, même inférieure à 10 %, détenue par la société contrôlée (B), est considérée comme détenue indirectement par la société qui contrôle cette société (G).

2. Autocontrôle

- Pour les 10 % de H dans G.
- Pour les 25 % de M dans G.

3. Conséquences de l'autocontrôle

H et M sont privées de droit de vote dans les assemblées de G en vertu de l'art. 359-1 L. 66 : lorsque des actions ou des droits de vote d'une société sont possédés par une ou plusieurs sociétés dont elle détient directement ou indirectement le contrôle, les droits de vote attachés à ces actions ou ces droits de vote ne peuvent être exercés à l'assemblée générale de la société ; il n'en est pas tenu compte pour le calcul du quorum.

3 Papinou

1. Notions de filiale et de participation

- *Filiale :* est réputée filiale toute société dont plus de la moitié du capital appartient à une autre société.
- *Participation :* c'est le fait de détenir entre 10 % et 50 % du capital d'une autre société.

2. Participation de Papinou SA dans Rivière SA

Rivière SA est une filiale de Papinou SA (+ de 50 % du capital).

3. Régime d'intégration fiscale

Il ne peut s'appliquer que pour la société Raffin SA car la société intégrante (Papinou SA) possède 96 % du capital et est soumise à l'IS (puisqu'il s'agit d'une société anonyme).

4 Arnaud

STRUCTURE DU GROUPE

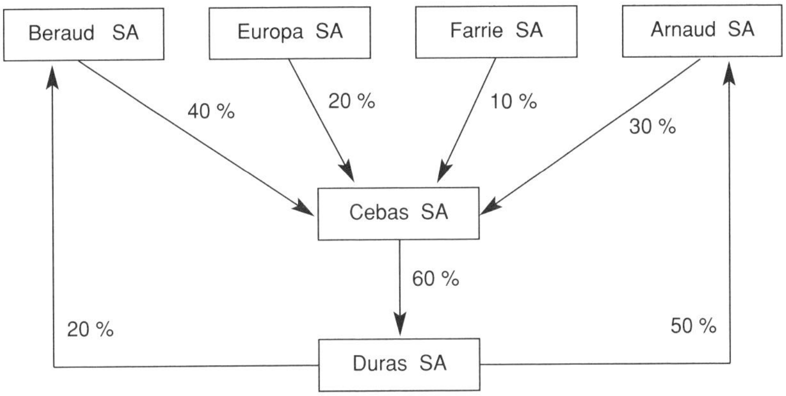

Les 20 % de la société Duras SA dans la société Beraud sont des actions d'autocontrôle.

Elle ne pourra donc pas voter lors de l'assemblée générale de la SA Beraud.

Par contre elle votera normalement lors de l'assemblée générale de la société Arnaud car elle ne détient pas les 50 % en autocontrôle.

Quand la société Arnaud vendra ses titres à la société Farrie, cette dernière aura 40 % de Cebas (contrôle présumé sur Cebas et contrôle indirect sur Duras). La SA Duras pourra voter normalement à l'assemblée générale de Arnaud.

5 Groupe A...

1. Utilité dans le groupe d'une SCS, d'une SARL

La transparence fiscale de la SCS (par principe soumise à l'impôt sur le revenu) permet aux associés d'imputer sur leur revenu le déficit de la SCS proportionnellement à leur participation au capital.

L'intérêt est le même s'il s'agit d'une SARL de famille ayant opté pour l'impôt sur le revenu, avec la responsabilité limitée en plus.

2. Intérêt pour la société mère d'être une SCA

Dans une société en commandite par actions, seuls les associés commandités peuvent être gérants et donc assurer la direction de l'entreprise. Les associés commanditaires ne peuvent s'immiscer dans la gestion. Cette forme juridique assure la stabilité de la direction.

C'est une forme juridique qui est choisie pour se protéger d'une offre publique d'achat (OPA).

3. Gérance de la SARL G

La SARL est gérée par une ou plusieurs personnes physiques.

La société A... étant majoritaire de la SARL G (85 % du capital), elle désignera un représentant qui exercera les fonctions de gérant.

4. Conséquences sous-filiales – société mère

- La société mère détient indirectement le contrôle des sous-filiales de sa filiale E (contrôle de droit).
- Elle pourra imposer sa stratégie et ses décisions.
- Elle bénéficiera du régime fiscal des sociétés mères.

5. Obligation d'information des associés en cas d'augmentation de participation

Lorsqu'une société a pris, au cours d'un exercice, une participation dans une société ayant son siège social sur le territoire de la République française représentant plus du vingtième, du dixième, du cinquième, du tiers ou de la moitié du capital de cette société ou s'est assuré le contrôle d'une telle société, il en est fait mention dans le rapport présenté aux associés sur les opérations de l'exercice et, le cas échéant, dans le rapport des commissaires aux comptes.

Le conseil d'administration, le directoire ou le gérant d'une société rend compte dans son rapport de l'activité et des résultats de l'ensemble de la société, des filiales de la société et des sociétés qu'elle contrôle par branche d'activité. Lorsque cette société établit et publie des comptes consolidés, le rapport ci-dessus mentionné peut être inclus dans le rapport sur la gestion du groupe.

La participation de A dans F étant passée de 6 % à 80 %, elle devra figurer dans le rapport de gestion de F aux fins d'information des actionnaires de F.

6. Contrôle des comptes du groupe A...

Les sociétés commerciales, quelle que soit leur forme, placées à la tête d'un groupe doivent, indépendamment de leurs comptes annuels, établir et publier des comptes consolidés. Les SA et SCA devront les faire approuver par les actionnaires.

Comme les comptes sociaux annuels, les comptes consolidés comprennent un bilan consolidé, un compte de résultat consolidé et une annexe.

Les sociétés astreintes à publier des comptes consolidés sont tenues de désigner au moins 2 commissaires aux comptes.

Mission

Les commissaires aux comptes doivent certifier que les comptes consolidés sont réguliers et sincères et donnent une image fidèle du patrimoine, de la situation financière ainsi que du résultat d'ensemble constitué par les entreprises comprises dans la consolidation. Ils doivent vérifier la sincérité et la concordance avec les comptes consolidés des informations données dans le rapport sur la gestion du groupe consolidé.

Ils peuvent procéder à toutes investigations utiles auprès de l'ensemble des sociétés comprises dans la consolidation.

Les commissaires ne doivent certifier les comptes consolidés qu'après examen des travaux des commissaires aux comptes de sociétés comprises dans la consolidation. Ceux-ci sont délivrés du secret professionnel à l'égard du commissaire aux comptes de la société consolidante.

Conclusion

- Les commissaires aux comptes, dont la présence est obligatoire, exercent leur mission dans la société dans laquelle ils ont été nommés.
- Les commissaires aux comptes de la société consolidante exercent leur mission élargie pour celle-ci.

PARTIE 5

L’entreprise en difficulté

21 Prévention par l'information comptable et financière

Tests

1. Justification de l'information comptable et financière

- Meilleure connaissance de la situation de la société pour les dirigeants, les associés, les salariés, les tiers (administrations, partenaires).
- Prévention des difficultés ressortant des documents pour éviter la dégradation de la situation.

2. Informations fournies par toutes les sociétés commerciales

- Dépôt au greffe du tribunal de commerce des statuts.
- Procès-verbaux d'assemblées modifiant les statuts (augmentation, réduction du capital, etc.).
- Comptes annuels et rapport de gestion.
- Procès-verbal de l'assemblée statuant sur les comptes annuels et sur l'affectation du résultat.
- Rapport du commissaire aux comptes (éventuel).
- Comptes consolidés (éventuels).

3. Information de la société en cas de pertes

La société devra déposer au greffe le procès-verbal de l'assemblée ayant constaté les pertes. Lorsque le montant des capitaux propres est inférieur à la moitié du capital social. Cette assemblée décide du sort de la société (dissolution ou continuation sous conditions de régularisation).

4. Droits du comité d'entreprise en matière d'informations comptable, financière et juridique

- Chaque trimestre, le dirigeant doit communiquer au comité d'entreprise :
  - les informations économiques sur la situation financière, l'avancement des commandes, les difficultés éventuelles et les mesures envisagées ;
  - les informations sociales : évolution des conditions de travail, des modifications structurelles envisagées ;
  - les documents de gestion prévisionnelle pour les entreprises qui emploient au moins 300 salariés, ou qui ont réalisé un chiffre d'affaires hors taxes d'au moins 120 millions de francs.
- Chaque année, le comité d'entreprise recevra :
  - les documents comptables et le rapport de gestion,
  - le bilan social.
- Depuis la loi du 15.05.2001, deux membres du comité d'entreprise peuvent assister aux assemblées générales (art. L. 432-6-1-II C. trav.).
- En cas de licenciement économique, le chef d'entreprise qui envisage une opération de restructuration ayant pour conséquence la suppression d'au moins 100 emplois, doit consulter préalablement le CE.
- En cas d'OPA/OPE ou de concentration, le CE doit être informé.

5. Obligation de communiquer la comptabilité à la justice

En cas de redressement judiciaire, de partage de société, de liquidation de communauté, de succession, la production des documents comptables peut être ordonnée par la justice.

6. Obligation d'établissement des comptes prévisionnels

Les sociétés commerciales qui, à la clôture de l'exercice, emploient au moins 300 salariés ou qui ont réalisé un chiffre d'affaires hors taxes d'au moins 18 millions d'€, ont l'obligation d'établir des documents de gestion prévisionnelle. Sont également soumis à cette obligation les établissements publics à caractère industriel et commercial (EPIC), les sociétés civiles et les associations ayant une activité économique.

7. Documents de gestion prévisionnelle à fournir

- Une situation de l'actif réalisable et disponible et du passif exigible.
- Un tableau de financement (tableau des emplois et ressources).
- Un plan de financement prévisionnel.
- Un compte de résultat prévisionnel.

Le but de l'établissement de ces documents est la prévention des difficultés.

Cas pratique

Arsenal des galères

1. Obligation d'établir les documents prévisionnels

Une société commerciale est soumise à l'obligation d'établissement de documents de gestion prévisionnelle si elle réalise un chiffre d'affaires hors taxes d'au moins 18 millions d'€ ou qui, à la clôture de l'exercice, emploie au moins 300 salariés.

La SA L'Arsenal des galères est une société commerciale.

Le critère de chiffre d'affaires n'est pas atteint ici, mais il faut déterminer si le critère du nombre de salariés s'applique.

Pour calculer le nombre de salariés, on prend en compte les salariés à durée indéterminée ainsi que ceux qui sont employés dans des sociétés filiales dont la société mère détient directement ou indirectement plus de la moitié du capital.

On fait ensuite la moyenne arithmétique des effectifs à la fin de chaque trimestre.

• 1er trimestre :	360 + 33 – 37 =	356
• 2e trimestre :	285 + 33 – 37 =	281
• 3e trimestre :	270 + 33 – 37 =	266
• 4e trimestre :	289 + 33 – 37 =	285
		1 188

Moyenne arithmétique : 1 188/4 = 297 (chiffre inférieur au seuil légal de 300).

Dans ces conditions, cette société n'est pas soumise à l'obligation d'établir les documents prévisionnels.

2. Documents de gestion prévisionnelle à établir et périodicité

Documents

- Une situation de l'actif réalisable et disponible, et du passif exigible.
- Un tableau de financement (emplois, ressources).
- Un plan de financement prévisionnel.
- Un compte de résultat prévisionnel.

Périodicité

- Dans les quatre mois de l'ouverture de l'exercice.
- Dans les quatre mois qui suivent la clôture du premier semestre de l'exercice.

3. Désignation d'un expert-comptable par le comité d'entreprise

Le comité d'entreprise a le droit de désigner un expert-comptable qui sera chargé d'étudier les comptes que l'entreprise doit fournir : documents comptables, rapport d'activité, bilan social (éventuel), informations économiques trimestrielles.

4. Conséquence du refus d'informations à l'expert-comptable du comité d'entreprise

Aucune sanction pénale n'est prévue par la loi. Le dirigeant engage cependant sa responsabilité civile contractuelle pour inexécution de ses obligations de mandataire (vigilance et diligence).

5. Cumul du mandat de commissaire aux comptes et d'expert-comptable du comité d'entreprise.

Le cumul est impossible car on peut considérer qu'il y a une perte d'indépendance.

6. Obligation de communication au comité d'entreprise

Les documents de gestion prévisionnelle doivent être communiqués dans les 8 jours de leur établissement au comité d'entreprise.

22 L'alerte

Tests

1. Détenteurs du droit d'alerte

- Le commissaire aux comptes.
- Le comité d'entreprise.
- Les associés dans les sociétés par actions (SA, SCA, SAS) et SARL détenant au minimum 5 % du capital dans les sociétés par actions et 10 % dans la SARL.
- Le président du tribunal de commerce ou de grande instance (pour les personnes morales non commerçantes).
- Les groupements de prévention agréés.
- Une association d'actionnaires existant dans une SA cotée détenant au moins 5 % du capital.

2. Critères de déclenchement de l'alerte par le commissaire aux comptes

Les critères fondés sur la situation financière paraissent plus pertinents que les autres, car ils correspondent à une situation objective (situation nette négative, fonds de roulement insuffisant, etc.) et à la compétence que l'on est en droit d'attendre d'un expert en comptabilité qu'est le commissaire aux comptes.

La procédure d'alerte ne peut être mise en œuvre quand une procédure de conciliation ou de sauvegarde aura été engagée (loi 26.07.2005).

3. Étapes de la procédure d'alerte déclenchée par le commissaire aux comptes dans les SA

- Demande d'explication et information au président du CA ou du directoire, à partir de la connaissance des faits de nature à compromettre la continuité de l'exploitation par le CAC.
- Selon la réponse, demande de délibération du CA (ou du conseil de surveillance). Copie de la demande envoyée au président du tribunal.

- Participation du CAC à réunion du CA (ou du conseil de surveillance).
- Information du président du tribunal de commerce.
- Établissement d'un rapport spécial par le CAC, envoi de celui-ci au comité d'entreprise et au CA (ou CS) si le CAC estime que la continuité de l'exploitation est compromise.
- Le rapport spécial du CAC sera communiqué à l'assemblée générale des actionnaires.

4. Conditions du déclenchement de l'alerte par les actionnaires d'une SA

- Un ou plusieurs actionnaires détenant au moins 5 % du capital social ou par une association d'actionnaires d'une SA cotée.
- Poser par écrit des questions au PCA ou au président du directoire, deux fois par exercice au maximum.
- Existence de fait de nature à compromettre la continuité de l'exploitation.

5. Définition de la continuité de l'exploitation. Difficultés d'appréciation

Il y a continuité de l'exploitation lorsque, malgré des difficultés, l'entreprise peut poursuivre son activité.

Cependant cette poursuite d'activité peut être :

- soumise à des conditions : on dit alors que la continuité de l'exploitation est incertaine ;
- non assurée quand l'entreprise est en état de cessation des paiements ou en cessation d'activité.

Le CAC doit apprécier la continuité par rapport aux critères définis par la CNCC (analyse du risque), tout en tenant compte des éléments pouvant venir réduire ou supprimer l'incidence d'un ou plusieurs critères.

6. Conséquences sur la certification des comptes en cas de continuité de l'exploitation non assurée

Le commissaire aux comptes doit :

- refuser de certifier les comptes si la continuité de l'exploitation a une incidence non chiffrable ;
- refuser de certifier les comptes , les certifier avec réserves, ou les certifier si la continuité de l'exploitation a une incidence chiffrable (significative ou pas).

Cas pratique

Teboux

1. Le commissaire aux comptes doit déclencher l'alerte lorsqu'il estime qu'il existe des faits de nature à compromettre la continuité de l'exploitation.

   Ces critères sont, soit fondés sur la situation financière, soit sur l'exploitation, soit sur d'autres motifs ou événements.

L'alerte déclenchée par le commissaire aux comptes paraît judicieuse, mais elle est peut-être un peu trop prématurée, bien que, la saison approchant, le risque de l'entreprise s'accroisse.

Les critères qui seront retenus par le commissaire aux comptes sont plutôt fondés sur l'exploitation, qui du fait du comportement du dirigeant risque de se retrouver en sous-activité importante pendant la saison, mais aussi sur des critères personnels liés au comportement du dirigeant (conflit avec le conjoint, omission de contacts avec les fournisseurs, de dépenses publicitaires).

2. Le commissaire aux comptes aurait pu effectivement tempérer les critères de déclenchement de l'alerte par l'incidence d'un ou plusieurs autres critères favorables, comme l'absence de difficultés de paiement, le « réveil » possible du dirigeant quelque temps avant la saison.

3. Le commissaire aux comptes ayant déclenché l'alerte, son client lui reproche la mise en place de cette procédure en se fondant sur l'immixtion dans la gestion d'entreprise et le déclenchement inapproprié et intempestif de la procédure d'alerte. Les fournisseurs et clients ont eu connaissance de cette procédure.

Quelles sont les chances d'aboutir pour la société Teboux ?

Le déclenchement de l'alerte doit se faire lorsque le commissaire aux comptes estime que les conditions qui risquent de mettre en cause le principe de continuité de l'exploitation sont réunies.

La question qui se pose est de savoir si la continuité de l'exploitation risquait ici d'être compromise. La question est délicate à trancher, car s'il y a eu une certaine négligence du dirigeant dans les activités sociales, liée au conflit avec son épouse, la société n'engageait plus de dépenses et compromettait simplement l'activité de sa saison prochaine. Son attitude n'entraînait pas de déséquilibre des comptes.

Si le dirigeant de la société arrive à démontrer que le commissaire aux comptes s'est immiscé dans la gestion de l'entreprise par le déclenchement de l'alerte, la responsabilité du commissaire aux comptes pourra être engagée.

L'étendue de cette responsabilité civile dépendra du dommage éventuel subi par la société du fait du préjudice moral et économique, puisque les fournisseurs et clients sont informés du déclenchement de la procédure d'alerte.

Dans ces conditions, le préjudice moral et économique devra être évalué et il sera mis à la charge du commissaire aux comptes, si le tribunal estime que le déclenchement de l'alerte était inapproprié.

Il semble dans ce cas d'espèce que le commissaire avait certainement raison de vouloir déclencher la procédure d'alerte, simplement il semble qu'il l'ait fait un peu trop tôt.

Cependant, les tribunaux sont plus enclins à sanctionner le déclenchement tardif de la procédure que son déclenchement légèrement anticipé. En effet, le commissaire aux comptes doit être guidé par le principe de prudence.

23 La conciliation Le mandataire ad hoc

Tests

1. Champ d'application de la conciliation

Les personnes visées

La conciliation peut bénéficier :

- aux personnes exerçant une activité commerciale ou artisanale ;
- aux personnes morales de droit privé ;
- aux personnes physiques exerçant une profession indépendante, y compris une profession libérale soumise à un statut législatif ou réglementaire ou dont le titre est protégé (innovation de la nouvelle loi).

La conciliation n'est pas applicable aux agriculteurs qui bénéficient de la procédure prévue dans le code rural (L. 611-4 et L. 611-5).

Le niveau de difficulté

La personne doit éprouver une difficulté juridique, économique ou financière, avérée ou prévisible, et ne se trouvant pas en cessation des paiements depuis plus de 45 jours (L. 611-4).

La conciliation est donc applicable :

- si la personne n'est pas en état de cessation des paiements ;
- si la personne est en état de cessation des paiements depuis moins de 45 jours.

2. Mode de saisine du tribunal

Le président du tribunal (de commerce ou de grande instance selon le cas) est saisi par requête du débiteur exposant sa situation économique, sociale et financière, ses besoins de financement ainsi que, le cas échéant, les moyens d'y faire face (L. 611-6 al. 1).

La requête précise la date de cessation des paiements (si c'est le cas). Quand le débiteur exerce une profession libérale, la requête précise l'ordre professionnel dont il relève. Le débiteur peut proposer un conciliateur.

La requête du débiteur doit être accompagnée des pièces suivantes (art. 15 du décret du 28.12.05) :
- un extrait d'immatriculation au RCS ou au répertoire des métiers ;
- l'état des créances et dettes accompagné d'un échéancier et de la liste des principaux créanciers ;
- l'état actif et passif des sûretés et les engagements hors bilan ;
- les comptes annuels, le tableau de financement, la situation de l'actif réalisable et disponible et du passif exigible des trois derniers exercices.

3. Tribunal compétent

- Tribunal de commerce pour les entreprises commerciales.
- Tribunal de grande instance pour les personnes morales de droit privé non commerçante et les personnes physique exerçant une profession indépendante.

4. Pouvoirs du président du tribunal

- Convocation du représentant légal de l'entreprise.
- Information du procureur de la République.
- Obtention de toute information susceptible de l'éclairer.
- Nomination du conciliateur.
- Surveillance permanente de la procédure.
- Refus de l'ouverture de la conciliation et décision de l'ouverture du redressement ou de la liquidation judiciaires.
- Homologation éventuelle de l'accord.

5. Modalités de nomination du conciliateur

Il est nommé par le président du tribunal.

Sa nomination contiendra les éléments de sa mission. Sa mission est limitée à 4 mois prorogeables d'un mois, à la demande du conciliateur.

6. Mission du conciliateur

Il doit favoriser la conclusion d'un accord amiable destiné à mettre fin aux difficultés de l'entreprise entre :
- le débiteur, et
- ses principaux créanciers : à noter que les administrations financières, les organismes de sécurité sociale, les institutions gérant le régime d'assurance chômage sont désormais autorisées à consentir des remises de dettes ;

– le cas échéant, ses cocontractants habituels (nouveauté : ce peuvent être des garants, des associés, des fournisseurs non créanciers qui peuvent l'aider à trouver des solutions et à y participer).

Le conciliateur peut présenter également toute proposition se rapportant à la sauvegarde de l'entreprise, à la poursuite de l'activité économique et au maintien de l'emploi.

Le conciliateur rend compte au président du tribunal de l'état d'avancement de sa mission et formule toutes observations utiles sur les diligences du débiteur.

7. Contenu de l'accord de règlement amiable

- Les parties concernées : le débiteur, les créanciers signataires.
- Les engagements du débiteur (mesures de redressement envisagées, échelonnement des paiements).
- La suspension provisoire des poursuites du débiteur par les créanciers signataires de l'accord.
- La sanction en cas de non-respect de l'accord.
- La soumission de l'accord à l'homologation du tribunal si les conditions sont réunies.
- La signature des parties contractantes.

8. Force de l'accord

Le président du tribunal, sur la requête conjointe des parties, constate leur accord et donne à celui-ci force exécutoire. Il statue au vu d'une déclaration certifiée du débiteur attestant qu'il ne se trouvait pas en cessation des paiements lors de la conclusion de l'accord, ou que ce dernier y met fin. La décision constatant l'accord n'est pas soumise à publication et n'est pas susceptible de recours. Elle met fin à la procédure de conciliation (L. 611-8-I).

Des copies de l'accord valant titres exécutoires peuvent être délivrées aux parties ou aux personnes (exemple : des cautions) se prévalant de l'accord.

9. Conditions d'homologation de l'accord

Le tribunal homologue l'accord, à la demande du débiteur, si les conditions suivantes sont réunies :

1) le débiteur n'est pas en cessation des paiements ou l'accord y met fin ;
2) les termes de l'accord sont de nature à assurer la pérennité de l'activité de l'entreprise ;
3) l'accord ne porte pas atteinte aux intérêts des créanciers non signataires (L. 611-8-II).

Le tribunal statue sur l'homologation après avoir entendu ou dûment appelé en chambre du conseil le débiteur, les créanciers parties à l'accord, les représentants du comité d'entreprise ou, à défaut, des délégués du personnel, le conciliateur et le ministère public. L'ordre professionnel ou l'autorité compétente dont relève le débiteur qui exerce une profession libérale est entendu également ainsi que toute autre personne qui paraît utile au tribunal.

10. Suspension provisoire des poursuites individuelles des créanciers

Les poursuites individuelles des créanciers ne pourront pas être suspendues à la demande du conciliateur (contrairement au règlement amiable). Si donc le débiteur est poursuivi par un créancier, il devra demander au juge de lui accorder des délais de paiement en application des articles 1244-1s du Code civil.

11. Inexécution de l'accord

Le tribunal, saisi par l'une des parties à l'accord homologué, prononce la résolution de celui-ci ainsi que la déchéance de tout délai de paiement accordé.

12. Le mandataire ad hoc

Le président du tribunal de commerce ou du tribunal de grande instance peut, à la demande du représentant de l'entreprise, désigner un mandataire ad hoc dont il détermine la mission. Il rendra une ordonnance visant à pratiquer un audit de l'entreprise. La durée de la mission n'est pas prévue par la loi ; le président la fixera et pourra la prolonger si nécessaire..

Cas pratiques

1 Delta finance

Conditions pour bénéficier de la conciliation

Deltafinance est une SARL qui entre dans le champ d'application de la conciliation.

Elle éprouve une difficulté financière.

Cette société n'est pas en état de cessation des paiements.

La saisine du tribunal de commerce a été faite par le représentant légal de la SARL.

Chances d'aboutir de la conciliation

L'étude de l'accord amiable laisse penser que celui-ci peut aboutir.

En effet, le conciliateur a réussi à obtenir à la fois des délais de paiement importants mais aussi des réductions de taux d'intérêt, et des remises sur créances.

Enfin, l'URSSAF et le Trésor public ont abandonné les pénalités de retard et accepté d'échelonner la dette.

Conséquence si l'accord échoue

Si l'accord échoue, le tribunal saisi par une partie à l'accord prononcera la résolution de celui-ci.

La société se verra appliquer la procédure de redressement ou de liquidation judiciaires.

2 Cas Micase

Dans la procédure de conciliation, on ne peut pas contraindre les créanciers à accepter, soit un moratoire, soit une réduction de leurs créances. Le créancier opposé à tout arrangement ne signera pas l'accord. Le conciliateur ne pourra pas solliciter du tribunal la suspension provisoire des poursuites. Le créancier pourra poursuivre temporairement la société Micase en paiement. S'il demeure impayé, il peut demander l'ouverture d'une procédure collective.

3 Cas Verneux

La conciliation et les associations

Les associations peuvent être concernées par la procédure de conciliation qui n'est pas réservée aux entreprises commerciales mais concerne aussi les personnes morales de droit privé : sociétés civiles, associations, GIE, sociétés commerciales.

Le tribunal compétent sera le tribunal de grande instance du siège social de l'association.

Étapes de la procédure de conciliation

- Demande de conciliation au président du tribunal de grande instance par le président de l'association (M. Verneux) ; par une requête écrite justifiant la demande.
- Nomination éventuelle d'un expert (pour éclairer le tribunal sur la situation du débiteur).
- Nomination d'un conciliateur qui va rechercher un accord entre le débiteur et ses créanciers.
- Accord conclu entre le débiteur et les créanciers.
- Décision du tribunal donnant force exécutoire à l'accord ou homologation de l'accord par le tribunal si les conditions sont réunies.
- Exécution de l'accord suivant les termes de l'accord.

24 La sauvegarde

Tests

1. Personnes pouvant bénéficier de la procédure de sauvegarde

- Tout commerçant, artisan, agriculteur, toute personne physique exerçant une activité professionnelle indépendante, y compris une profession libérale à statut législatif ou réglementaire ou dont le titre est protégé.
- Toute personne morale de droit privé.
- Une ou plusieurs autres personnes en cas de confusion de leur patrimoine avec celui du débiteur ou de fictivité de la personne morale.

2. Situation de difficulté – Objectif de la procédure de sauvegarde

Situation de difficulté

Le débiteur doit justifier de difficultés qu'il n'est pas en mesure de surmonter, de nature à le conduire à la cessation des paiements.

Le débiteur ne doit pas être en état de cessation des paiements, c'est-à-dire qu'il peut faire face à son passif exigible, qu'il peut payer ses dettes mais qu'il rencontre des difficultés financières, juridiques ou économiques qui vont avoir des répercussions comptables et financières susceptibles de le conduire à la cessation des paiements si aucune mesure n'est prise.

Si, après l'ouverture de la procédure, le tribunal constate la cessation des paiements, il convertit la procédure de sauvegarde en procédure de redressement judiciaire ou de liquidation judiciaire.

Objectif de la procédure de sauvegarde

La procédure vise la réorganisation de l'entreprise pour permettre la poursuite de l'activité, le maintien de l'emploi et l'apurement du passif.

3. Saisine du tribunal – Tribunal compétent

Sur demande du débiteur auprès :
- du tribunal de commerce pour le commerçant, l'artisan, les sociétés commerciales ;
- du tribunal de grande instance dans tous les autres cas.

4. Étapes de la procédure de sauvegarde

- Saisine du tribunal par le débiteur.
- Audition des parties par le tribunal.
- Jugement d'ouverture de sauvegarde fixant la période d'observation, les organes de la procédure.
- Durant la période d'observation : établissement du bilan économique, social, environnemental et du plan de sauvegarde.
- Arrêté du plan de sauvegarde par le tribunal.
- Exécution du plan de sauvegarde.

5. Organes de la procédure de sauvegarde

- Le tribunal de commerce ou de grande instance, selon le cas.
- Le débiteur.
- Le juge-commissaire désigné dans le jugement d'ouverture (plusieurs en cas de nécessité).
- Un représentant des salariés désigné par le comité d'entreprise ou les délégués du personnel ou, à défaut par les salariés.
- Le mandataire judiciaire qui est le représentant des créanciers.
- Deux comités de créanciers seront constitués dans un délai de 30 jours à compter du jugement d'ouverture : un comité comprenant l'ensemble des établissements de crédit et un comité comprenant les principaux fournisseurs de biens et services. Ces comités ne seront formés que pour les entreprises dotées d'un CAC et d'une certaine taille (150 salariés ou 20 millions d'euros de chiffre d'affaires ; art. 162 dt 2005).
- L'administrateur judiciaire (le tribunal peut en désigner plusieurs). Le tribunal peut ne pas désigner d'administrateur judiciaire pour les entreprises qui emploient moins de 20 salariés au plus et dont le chiffre d'affaires HT est inférieur à 3 000 000 € (art. 53 dt 2005).
- Un ou plusieurs experts avec une mission déterminée par le tribunal.
- Un à cinq contrôleurs désignés par le juge-commissaire à la demande des créanciers.
- Un commissaire-priseur judiciaire, un huissier, un notaire ou un courtier en marchandises assermenté pour réaliser l'inventaire et la prisée (estimation des biens).
- Le ministère public (procureur de la République).

6. Direction de l'entreprise pendant la procédure de sauvegarde

Au cours de la période d'observation, l'administration de l'entreprise est assurée par son dirigeant qui ne sera pas dessaisi et ne sera pas tenu de remettre son courrier personnel à l'administrateur judiciaire. Cependant, l'administrateur judiciaire peut être chargé par le tribunal :

- soit de surveiller la gestion du débiteur ;
- soit de l'assister pour tous les actes de gestion ou certains d'entre eux.

L'administrateur peut faire fonctionner sous sa signature les comptes bancaires ou postaux si le débiteur a fait l'objet d'interdictions.

Le débiteur continue à exercer sur son patrimoine les actes de disposition et d'administration, ainsi que les droits et les actions qui ne sont pas compris dans la mission de l'administrateur. Les actes de gestion courante qu'il accomplit seul sont réputés valables à l'égard des tiers de bonne foi.

7. Organisation des créanciers – Déclaration des créances

Les créanciers sont représentés par le mandataire judiciaire.

Ils peuvent être regroupés en **comités** ; deux comités de créanciers seront constitués dans un délai de 30 jours à compter du jugement d'ouverture : un comité comprenant l'ensemble des établissements de crédit et un comité comprenant les principaux fournisseurs de biens et services. Ces comités ne seront formés que pour les entreprises dotées d'un CAC et d'une certaine taille (150 salariés ou 20 millions d'euros de chiffre d'affaires ; art. 162 dt 2005).

Déclaration des créances : à partir de la publication du jugement d'ouverture, tous les créanciers dont la créance « est née » antérieurement au jugement d'ouverture, à l'exception des salariés, adressent la déclaration de leurs créances au représentant des créanciers, dans le délai de 2 mois à compter de la publication du jugement d'ouverture au BODACC (art. 99 dt 2005).

Le législateur a substitué le critère de la naissance à celui de l'origine (exemple : la créance de garantie d'un vice caché qui trouve son origine dans le contrat de vente pourrait être considérée comme née au jour de la découverte du vice, selon le rapport de l'Assemblée nationale).

Les créanciers retardataires font l'objet de mesures plus favorables : ils peuvent demander le relevé de forclusion si le débiteur a omis volontairement de les faire figurer sur sa liste des créanciers (L. 622-26).

L'action en relevé de forclusion doit être exercée dans le délai de 6 mois (et non plus dans l'année) qui suit la publication du jugement d'ouverture.

La loi nouvelle abroge la sanction de l'extinction des créances non déclarées (ancien art. L. 621-46 al. 4) : ainsi, un créancier qui a omis de déclarer sa créance pourra poursuivre la caution en paiement (Cass. com 25.06.2002).

8. Déclaration des créances salariales

À la différence des autres créanciers antérieurs au jugement d'ouverture, les salariés n'ont pas à déclarer leurs créances.

Le mandataire judiciaire, après vérification, établit les relevés des créances et les soumet au représentant des salariés. Ils sont visés par le juge commissaire, déposés au greffe du tribunal et font l'objet d'une mesure de publicité. Le salarié dont la créance ne figure pas sur le relevé peut saisir, à peine de forclusion, le conseil de prud'hommes dans un délai de 2 mois.

9. Contenu du plan de sauvegarde – Durée

Contenu

Le plan désigne les personnes tenues de l'exécuter, l'ensemble de leurs engagements nécessaires à la sauvegarde de l'entreprise. Ces engagements portent :

- sur l'avenir de l'activité ;
- les modalités du maintien et du financement de l'entreprise ;
- le règlement du passif né antérieurement au jugement d'ouverture ;
- les garanties fournies pour en assurer l'exécution, s'il y a lieu.

Le plan expose et justifie le niveau et les perspectives d'emploi, les conditions sociales envisagées pour la poursuite d'activité

Si le plan nécessite des modifications statutaires, l'administrateur est mandaté dans le jugement pour convoquer l'assemblée compétente (L. 626-16).

Durée

Elle est fixée par le tribunal et elle ne peut excéder 10 ans (15 ans si le débiteur est un agriculteur).

Le tribunal nomme, pour la durée du plan, l'administrateur ou le mandataire judiciaire en qualité de commissaire chargé de veiller à l'exécution du plan. Il peut en nommer plusieurs.

Quand le plan a été tenu, le tribunal, à la requête du commissaire, du débiteur ou de tout intéressé, constatera que l'exécution du plan est achevée.

10. Inexécution du plan de sauvegarde

En cas d'inexécution du plan de sauvegarde par le débiteur, le tribunal peut être saisi par un créancier, le commissaire à l'exécution du plan, le ministère public ou se saisir d'office. Le tribunal pourra prononcer la résolution du plan.

Lorsque la cessation des paiements du débiteur est constatée au cours de l'exécution du plan, le tribunal prononcera la liquidation judiciaire, après avis du ministère public.

Après résolution du plan, les créanciers soumis à ce plan sont dispensés de déclarer leurs créances et sûretés, les créances sont admises de plein droit, déduction faites des sommes déjà perçues.

11. Revendication d'un conjoint

La revendication tend à faire reconnaître le droit de propriété du revendiquant et à demander qu'on lui rende le bien. L'action en revendication doit être exercée dans le délai de 3 mois suivant la publication du jugement d'ouverture de la procédure collective.

La demande doit être adressée à l'administrateur qui doit répondre dans le mois. En cas de contestation, le juge-commissaire sera saisi dans le délai d'un mois et rendra une ordonnance. En cas de rejet, le revendiquant a un délai de 8 jours pour faire opposition. Si le conjoint prouve qu'il est propriétaire du bien, il pourra en obtenir la restitution.

12. Action en restitution

Les biens vendus avec une clause subordonne le transfert de propriété au paiement intégral du prix lorsque cette clause a été convenue entre les parties dans un écrit établi au plus tard au moment de la livraison (ici lors de l'établissement du bon de commande), peuvent être revendiqués, s'ils se retrouvent en nature au moment de l'ouverture de la procédure. La clause doit avoir été acceptée par l'acheteur.

Sous réserves de ces conditions, le bien revendiqué sera restitué à la société Vik.

Si le bien a été revendu par la société Plum, la société Vik ne peut pas revendiquer le bien entre les mains du tiers de bonne foi (le sous-acquéreur) en vertu de la règle « en fait de meuble, possession vaut titre ».

Cas pratiques

1 Cas Évolution

1. Champ d'application de la procédure de sauvegarde

La procédure de sauvegarde s'applique à :

- tout commerçant, artisan, agriculteur, toute personne physique exerçant une activité professionnelle indépendante, y compris une profession libérale à statut législatif ou réglementaire ou dont le titre est protégé ;
- toute personne morale de droit privé ;
- le débiteur doit justifier de difficultés qu'il n'est pas en mesure de surmonter, de nature à le conduire à la cessation des paiements.

Le débiteur ne doit pas être en état de cessation des paiements.

Dans le cas, la SARL est une personne morale de droit privé qui a des difficultés financières mais qui assume ses dettes. Elle n'est pas actuellement en état de cessation des paiements. Cependant, si elle ne règle pas ses difficultés par un compromis avec ses créanciers, elle sera conduite à cesser ses paiements.

Cette entreprise peut bénéficier de la procédure de sauvegarde.

2. Mise en œuvre de la procédure de sauvegarde – Direction de l'entreprise

Mise en œuvre

Le débiteur ou son représentant légal (le gérant ici) doit saisir le tribunal de commerce (puisque la SARL est une société commerciale) par une demande d'ouverture de la procédure de sauvegarde. Cette demande expose la nature des difficultés qu'il rencontre et les raisons pour lesquelles il n'est pas en mesure de les surmonter.

À cette demande sont jointes :

- les comptes annuels du dernier exercice.
- les pièces suivantes, établies à la date de la déclaration datées, signées et certifiées sincères et véritables par le débiteur : un extrait d'immatriculation au RCS, une situation de trésorerie datant de moins de 8 jours, un compte de résultat prévisionnel, le nombre de salariés employés à la date de la demande et le montant HT du chiffre d'affaires à la

date de clôture du dernier exercice comptable, l'état chiffré des créances et dettes avec indication des noms et du domicile des créanciers, l'état actif et passif des sûretés ainsi que celui des engagements hors bilan, l'inventaire sommaire des biens du débiteur, le nom et l'adresse des représentants du comité d'entreprise ou des délégués du personnel, une attestation sur l'honneur certifiant l'absence de désignation d'un mandataire ad hoc ou d'ouverture d'une procédure de conciliation dans les 18 ans précédant la date de demande ou, dans le cas contraire, faisant état d'une telle désignation ou de l'ouverture de la procédure et mentionnant sa date ainsi que l'autorité qui y a procédé (art. 50 dt 2005).

Si l'un de ces documents ne peut être fourni ou l'est qu'incomplètement, la demande indique les motifs qui empêchent cette production ;

Direction de l'entreprise

Pendant la procédure de sauvegarde, l'administration de l'entreprise est assurée par son dirigeant (le gérant ici) qui ne sera pas dessaisi et ne sera pas tenu de remettre son courrier personnel à l'administrateur judiciaire.

Le débiteur continue à exercer sur son patrimoine les actes de disposition et d'administration, ainsi que les droits et les actions qui ne sont pas compris dans la mission de l'administrateur. Les actes de gestion courante qu'il accomplit seul sont réputés valables à l'égard des tiers de bonne foi.

Cependant, l'administrateur judiciaire peut être chargé par le tribunal :
- soit de surveiller la gestion du débiteur ;
- soit de l'assister pour tous les actes de gestion ou certains d'entre eux.

L'administrateur peut faire fonctionner sous sa signature les comptes bancaires ou postaux si le débiteur a fait l'objet d'interdictions.

3. Étapes de la procédure de sauvegarde

- Saisine du tribunal par le débiteur.
- Audition des parties par le tribunal.
- Jugement d'ouverture de sauvegarde fixant la période d'observation, les organes de la procédure.
- Durant la période d'observation : établissement du bilan économique, social, environnemental et du plan de sauvegarde.
- Arrêté du plan de sauvegarde par le tribunal.
- Exécution du plan de sauvegarde.

2 Cas Jourdan

1. Rôle du représentant légal après le jugement d'ouverture de sauvegarde

Pendant la période d'observation, le directeur général devra participer à l'élaboration du bilan économique, social, environnemental puisqu'il doit remettre la liste certifiée des créances et dettes de la société ainsi que les principaux contrats et instances en cours. Un inventaire, une estimation des biens et des garanties qui grèvent les biens du débiteur sont dressés dès l'ouverture de la procédure. Ils seront remis à l'administrateur et au mandataire judiciaire. Les biens détenus par le débiteur et susceptibles d'être revendiqués par un tiers seront signalés par le débiteur.

Au cours de la période d'observation, l'administration de l'entreprise est assurée par son dirigeant qui ne sera pas dessaisi et ne sera pas tenu de remettre son courrier personnel à l'administrateur judiciaire.

Le débiteur continue à exercer sur son patrimoine les actes de disposition et d'administration, ainsi que les droits et les actions qui ne sont pas compris dans la mission de l'administrateur. Les actes de gestion courante qu'il accomplit seul sont réputés valables à l'égard des tiers de bonne foi.

Cependant, l'administrateur judiciaire peut être chargé par le tribunal :
- soit de surveiller la gestion du débiteur ;
- soit de l'assister pour tous les actes de gestion ou certains d'entre eux.

L'administrateur peut faire fonctionner sous sa signature les comptes bancaires ou postaux si le débiteur a fait l'objet d'interdictions.

Le directeur général doit proposer un projet de plan de sauvegarde à l'administrateur judiciaire. Une fois que le plan de sauvegarde sera arrêté par le tribunal, il devra l'exécuter.

2. Organes de la procédure de sauvegarde

- Le tribunal.
- Le débiteur.
- Le juge-commissaire désigné dans le jugement d'ouverture (un ou plusieurs en cas de nécessité).
- Un représentant des salariés désigné par le comité d'entreprise ou les délégués du personnel ou, à défaut par les salariés.
- Le mandataire judiciaire qui est le représentant des créanciers.
- Deux comités de créanciers seront constitués dans un délai de 30 jours à compter du jugement d'ouverture : un comité comprenant l'ensemble des établissements de crédit et un comité comprenant les principaux fournisseurs de biens et services. Ces comités ne seront formés que pour les entreprises dotées d'un CAC et d'une certaine taille (150 salariés ou 20 millions d'euros de chiffre d'affaires ; art. 162 dt 2005).
- L'administrateur judiciaire (le tribunal peut en désigner plusieurs). Le tribunal peut ne pas désigner d'administrateur judiciaire pour les entreprises qui emploient moins de 20 salariés au plus et dont le chiffre d'affaires HT est inférieur à 3 000 000 € (art. 53 dt 2005).
- Un ou plusieurs experts avec une mission déterminée par le tribunal.
- Un à cinq contrôleurs désignés par le juge-commissaire à la demande des créanciers.
- Un commissaire-priseur judiciaire, un huissier, un notaire ou un courtier en marchandises assermenté pour réaliser l'inventaire et la prisée (estimation des biens).
- Le ministère public (procureur de la république).

Dans le cas, un administrateur judiciaire sera obligatoirement nommé (les seuils sont dépassés). Des comités de créanciers seront constitués puisqu'il y a plus de 150 salariés dans l'entreprise (250), que la SA est doté d'un CAC et qu'elle a réalisé plus de 20 millions d'euros de chiffre d'affaires HT (30 millions d'euros).

3. Poursuite des créanciers pendant la procédure de sauvegarde

Les créanciers antérieurs au jugement d'ouverture ne peuvent pas poursuivre le débiteur. Ils doivent déclarer leur créance. Le plan de sauvegarde auquel il participe par l'intermédiaire du mandataire judiciaire et des comités de créanciers décidera du sort de leur créance.

La société continue son activité pendant la période d'observation, le représentant légal assure la gestion courante : des créanciers postérieurs au jugement d'ouverture vont apparaître : ils seront payés à échéance puisqu'ils favorisent la continuité de l'entreprise. En cas de non-paiement, ils pourront poursuivre la société et provoquer la liquidation judiciaire de l'entreprise : la réalisation de l'actif leur permettra, peut-être, d'être payés.

4. Cession partielle d'actif

Le plan de sauvegarde doit aboutir à la continuation de l'entreprise mais il peut comporter :
- l'arrêt ;
- l'adjonction ;
- ou la cession d'une ou plusieurs activités de l'entreprise.

Le directeur général peut donc proposer à l'administrateur judiciaire un projet de plan de sauvegarde prévoyant la vente d'une activité de l'entreprise (exemple : la maroquinerie ou les accessoires). L'administrateur recevra les offres de repreneur. Le tribunal arrêtant le plan de sauvegarde statuera sur le repreneur choisi. La vente permettra à l'entreprise de renflouer sa trésorerie.

5. Issues possibles de la procédure de sauvegarde

Deux issues possibles : le plan de sauvegarde est exécuté ou non exécuté.

Le plan de sauvegarde, arrêté par le tribunal, doit aboutir à la continuation de l'entreprise s'il est exécuté. Sa durée ne peut excéder 10 ans (15 si le débiteur est un agriculteur). Un commissaire est nommé, chargé de surveiller l'exécution du plan.

Le tribunal pourra prononcer la résolution du plan de sauvegarde en cas d'inexécution du plan de sauvegarde. Lorsque la cessation des paiements du débiteur est constatée au cours de l'exécution du plan, le tribunal prononcera la liquidation judiciaire.

3 Pot

Le 20 mai N, un jugement d'ouverture de sauvegarde a été rendu au profit de l'entreprise Pot.

Le fournisseur a une créance de 2 000 € née antérieurement au jugement d'ouverture. L'entreprise Pot ne doit pas payer la facture. Le fournisseur doit déclarer sa créance auprès du mandataire judiciaire dans le délai de 2 mois à compter de la publication du jugement d'ouverture au BODDAC. Le créancier participera au plan de sauvegarde et le sort de sa créance sera réglé dans le plan.

25 Le redressement judiciaire

Tests

1. Personnes soumises au redressement judiciaire

- Personnes physiques : commerçants, artisans, agriculteurs, professionnels indépendants.
- Personnes morales de droit privé : sociétés civiles et commerciales, GIE, associations déclarées ou reconnues d'utilité publique, syndicats de copropriété, syndicats professionnels, comités d'entreprise.

D'autres personnes y sont soumises à titre particulier (se reporter au § 1.2 et 1.3, section 1 du chapitre 25 du manuel).

2. Définition de l'état de cessation des paiements. Organe compétent pour en fixer la date

- État de cessation des paiements se définit comme l'impossibilité de faire face au passif exigible (et exigé selon la jurisprudence) avec l'actif disponible.
- Date : le tribunal détermine la date de cessation des paiements, à défaut, c'est celle du jugement d'ouverture. Elle ne peut être antérieure de plus de 18 mois à la date du jugement constatant la cessat!ion des paiements.

3. Obligation du débiteur en état de cessation des paiements. Autres personnes susceptibles de saisir le tribunal

- Au plus tard dans les 45 jours qui suivent la cessation des paiements, le débiteur doit demander l'ouverture de la procédure s'il n'a pas, dans ce délai, demandé l'ouverture d'une procédure de conciliation.

- Autres personnes : un créancier, le procureur de la République peuvent saisir le tribunal, le tribunal peut se saisir d'office.

  Le comité d'entreprise ou, à défaut, les délégués du personnel peuvent communiquer au président du tribunal ou au procureur de la République tout fait révélant la cessation des paiements de l'entreprise mais ils n'ont pas le droit de saisine.

4. Juridiction compétente

- Tribunal de commerce pour le débiteur commerçant (a), SA (b), artisan (c).
- Tribunal de grande instance pour le débiteur agriculteur (d), la société civile (e), l'association déclarée (f), l'avocat (g).

5. Dates de cessation des paiements

- Date fixée par le tribunal, dont l'antériorité au jugement d'ouverture ne doit pas être supérieure à 18 mois (20.07.2004).
- À défaut, la date du jugement d'ouverture (20.01.2006).

6. État de cessation des paiements

L'état de cessation des paiements nécessite l'impossibilité de faire face au passif exigible avec l'actif disponible. La SARL peut faire face grâce au découvert consenti par sa banque. Elle n'est donc pas en cessation des paiements.

Mais si le débiteur, pour se procurer des fonds, utilise des moyens ruineux, illicites ou frauduleux (emprunts à des taux très élevés, par exemple), il sera déclaré en état de cessation des paiements.

7. Intérêts juridiques de la date de cessation des paiements

- Elle fixe le point de départ de la déclaration de cessation des paiements par le débiteur.
- Elle fixe le point de départ de la période suspecte (comprise entre la date de cessation des paiements et la date du jugement d'ouverture de la procédure collective) pendant laquelle certains actes conclus par le débiteur seront annulés (nullité obligatoire) ou pourront être annulés (nullité facultative).

8. Issues possibles d'un redressement judiciaire

Le tribunal arrêtera un plan de redressement qui sera soit :

– un plan de continuation assorti éventuellement d'une cession partielle,

– un plan de cession totale de l'entreprise si le débiteur est dans l'impossibilité d'en assurer lui-même le redressement.

Cependant, si le plan de redressement s'avère impossible, la liquidation judiciaire pourra être décidée par le tribunal.

9. Organes de la procédure de redressement judiciaire et leur rôle

Organes de la procédure de redressement judiciaire	Rôle principal de chaque organe
• Le tribunal	• Rend le jugement d'ouverture, fixe la date de cessation des paiements, nomme les organes et décide du sort de l'entreprise.
• Le juge-commissaire	• Veille au déroulement de la procédure dans l'intérêt de tous les participants, autorise certains actes, vérifie les créances, rend des ordonnances.
• Le ministère public	• Contrôle en permanence les organes de la procédure, exerce les voies de recours, peut requérir des sanctions contre les dirigeants.
• L'administrateur judiciaire	• Contrôle la poursuite de l'exploitation par le débiteur (l'assiste ou le remplace selon la mission confiée par le tribunal). • Établit le bilan économique et social. • Propose les solutions pour le plan de redressement. • Peut agir en justice pour reconstituer le patrimoine de l'entreprise.
• Le mandataire judiciaire (représentant des créanciers)	• Défend les intérêts des créanciers. • Procède à la vérification des créances.
• Le commissaire à l'exécution du plan	• Surveille l'exécution du plan de redressement qui a été décidé.
• Le débiteur	• Doit déclarer l'état de cessation des paiements. • Reste à la tête de son entreprise ou est remplacé. • Réalise des actes d'administration et de disposition à l'exception de certains actes (interdits ou de la compétence de l'administrateur judiciaire).
• Le représentant des salariés	• Vérifie le relevé des créances salariales.
• Le(s) contrôleur(s) (éventuellement)	• Surveille(nt) le déroulement de la procédure et assiste(nt) les autres organes.
• Les experts (éventuellement)	• Assiste(nt) l'administrateur judiciaire dans l'élaboration du bilan économique et social.
• Le greffe du tribunal	• Reçoit et enregistre les actes de la procédure, diffuse des informations, convoque les parties.

10. Rôle du débiteur

Au cours de la période d'observation, le débiteur reste à la tête de son entreprise. Il continue d'exercer sur son patrimoine les actes de disposition et d'administration.

Le débiteur reste le chef d'entreprise mais peut être remplacé si la survie de l'entreprise le requiert. Cependant, ses pouvoirs sont limités puisque :
– certains actes lui sont interdits (paiement de créances antérieures au jugement d'ouverture) ;
– certains actes requièrent l'autorisation du juge-commissaire ;
– certains actes sont de la compétence de l'administrateur judiciaire.

11. Mission du représentant des salariés

Il doit vérifier le relevé des créances salariales établi par le représentant des créanciers, et peut se constituer partie civile auprès de la juridiction pénale pour les délits de banqueroute et certaines autres infractions.

12. Durée et utilité de la période d'observation

Durée

6 mois maximum, renouvelables une fois pour 6 mois par décision motivée à la demande de l'administrateur, du débiteur ou du ministère public. Elle peut être prolongée pour 6 mois exceptionnellement sur demande du procureur de la République (total de la durée maximale = 18 mois).

Le tribunal peut mettre fin à la procédure s'il apparaît, au cours de la période d'observation, que le débiteur dispose des sommes suffisantes pour désintéresser les créanciers et acquitter les dettes de la procédure engagée.

Utilité

La période d'observation permet d'établir un examen de viabilité de l'entreprise. Seront établis :

- un bilan économique et social de l'entreprise,
- un projet de redressement si l'entreprise est viable ou un projet de liquidation dans le cas contraire.

Durant cette période, l'activité de l'entreprise continue avec arrêt des poursuites individuelles des créanciers dont les créances sont antérieures au jugement d'ouverture de la procédure. Mais les créances nées régulièrement après le jugement d'ouverture seront payées à leur échéance.

Pendant cette période, sera dressé un état des créances après leur déclaration, vérification et admission.

13. Obligation de déclaration des créances. Conditions

- À partir de la publication du jugement d'ouverture de redressement judiciaire, tous les créanciers dont la créance est antérieure au jugement, à l'exception des salariés, doivent adresser la déclaration de leurs créances au mandataire judiciaire (représentant des créanciers).
- *Conditions.* Déclaration dans les deux mois qui suivent la publication du jugement au BODACC et par écrit ; déclaration réalisée par le créancier ou son mandataire auprès du mandataire judiciaire. Elle contient le montant, la somme à échoir, son échéance, la garantie qui y est attachée éventuellement et les pièces justificatives de la créance. Elle est certifiée exacte par le créancier.
- *Sanction du défaut de déclaration de créance.* Les créanciers s'exposent au risque de perdre leur créance : « la forclusion » éteint leur créance s'ils ne respectent pas le délai de 2 mois pour déclarer leur créance. Ils peuvent être relevés de leur forclusion par une action auprès du juge-commissaire. Ils devront prouver leur méconnaissance de l'ouverture du redressement judiciaire et exercer leur action ou relevé de forclusion dans le délai de six mois qui suit la publication du jugement d'ouverture.

14. Vérification et admission des créances

- *Vérification.* Le mandataire judiciaire contrôle le délai et les éléments contenus dans la déclaration de créance avec le concours du débiteur et de l'administrateur judiciaire. Il doit aviser tout créancier qui, dans les 30 jours, doit fournir les explications souhaitées par le mandataire judiciaire. Après quoi, ce dernier établit la liste des créances déclarées avec ses propositions d'admission, de rejet ou de renvoi devant la juridiction compétente.

- *Admission des créances.* Le juge-commissaire décide de l'admission ou du rejet des créances (en tout ou partie). L'admission signifie que la créance est valable et figurera dans un état déposé au greffe. Elle sera payée en fonction d'un certain ordre.

15. Le traitement protecteur des créances salariales

- Les salariés n'ont pas à déclarer leurs créances nées antérieurement au jugement d'ouverture. Il est du devoir du mandataire judiciaire de dresser leur relevé, et de les vérifier, de publier un avis sur le lieu de travail de ce relevé, et d'informer chaque salarié de la créance admise. Le salarié a 2 mois à compter de la date d'affichage de l'avis sur le lieu de travail pour saisir le conseil des prud'hommes en cas de contestation.
- D'autre part, les créances salariales bénéficient d'un super-privilège (pour les 60 derniers jours de travail ou d'apprentissage) et d'un privilège (pour les 6 derniers mois de travail ou d'apprentissage). À défaut de disponibilité, les sommes sont réglées sur les premières rentrées de fonds ou par les ASSEDIC, au titre de l'assurance de garantie des salaires souscrite par le débiteur.

La raison de ce traitement de faveur est que les salariés permettent la survie de l'entreprise par leur travail et n'ont pas pris part aux décisions de gestion qui ont conduit aux difficultés de l'entreprise.

16. Le plan de redressement

Il est arrêté par le tribunal au vu du rapport de l'administrateur et après audition des organes de la procédure. Il détermine les solutions économiques, financières, sociales à mettre en œuvre pour assurer le redressement de l'entreprise. Il peut proposer :

– la continuation de l'entreprise assortie éventuellement d'une cession partielle,

– la cession totale de l'entreprise si le débiteur est dans l'impossibilité d'en assurer lui-même le redressement.

Sa durée est fixée par le tribunal. Elle ne peut excéder 10 ans, 15 ans si le débiteur est un agriculteur.

17. Période suspecte. Nullités des actes de la période suspecte

- La période suspecte s'étend de la date de cessation des paiements à la date du jugement d'ouverture. Elle est fixée par le tribunal. Sa durée ne peut excéder 18 mois.
- *Nullités de la période suspecte :*
  - nullités obligatoires :
    - a) le paiement d'une dette non échue au jour du paiement ;
    - b) le don d'un bien au fils du débiteur (acte à titre gratuit translatif de propriété) ;
    - c) le paiement en nature d'une dette échue (paiement effectué autrement qu'en espèces) ;
    - d) l'hypothèque consentie pour une dette antérieurement contractée.
  - nullités facultatives :
    - e) le don d'un véhicule 4 mois avant la date de cessation des paiements ;
    - f) le paiement d'un effet de commerce.

Cas pratiques

1 Bareand

Le redressement judiciaire s'applique à toute personne morale de droit privé. Dans le cas, la société Bareand est une SARL, personne morale commerciale.

Elle doit être en cessation des paiements qui est l'impossibilité pour une entreprise de faire face au passif exigible avec son actif disponible. La Cour de cassation a précisé que le passif devait être non seulement exigible mais exigé.

Dans le cas, le créancier, l'Urssaf de Dordogne, a mis la SARL en demeure de payer les cotisations sociales d'un montant de 3 200 € et lui a adressé un commandement de payer.

Les caractères certain, liquide et exigible de cette créance sont reconnus. La créance a donc été exigée mais elle n'a toujours pas été payée. La SARL est dans l'impossibilité de faire face, elle ne peut pas payer sa dette.

Le tribunal compétent est le tribunal de commerce quand le débiteur est commerçant (cas d'espèce) du siège social pour une société : ici, le tribunal de commerce de Bergerac, siège social de la SARL.

La saisine du tribunal doit être réalisée par le débiteur, au plus tard dans les 45 jours qui suivent la cessation des paiements. La procédure peut également être ouverte sur assignation d'un créancier, quelle que soit la nature de sa créance. Ici, c'est le créancier (Urssaf de Dordogne) qui a saisi le tribunal et qui rapporte la preuve de la cessation des paiements.

Le débiteur n'a pas payé trois trimestres de cotisations, il aurait dû déclaré sa cessation des paiements. Le gérant encourt une interdiction de diriger. Le tribunal appréciera.

2 Grip

- **Situation de la SARL :** l'état de cessation des paiements nécessite l'impossibilité de faire face au passif exigible avec l'actif disponible. Dans le cas, la société est insolvable (faute de trésorerie) mais elle n'est pas en état de cessation des paiements puisqu'elle peut faire face à sa dette grâce à l'avance consentie par l'associé majoritaire.

- **Situation de la SA :** la société a un actif qui n'est pas disponible (immobilisé) et ne lui permet pas de faire face à son passif exigible (échéances impayées). Elle est donc en état de cessation des paiements selon la loi, mais la jurisprudence a atténué la vigueur législative, si le passif exigible n'est pas exigé par les créanciers (Cass. 1998).

3 Milou

- **Obligation du gérant et délai**

  La SARL Milou est en état de cessation des paiements : elle ne peut régler ses dettes (salariales et sociales).

  Le gérant (représentant légal de la SARL) doit demander l'ouverture de la procédure collective au plus tard dans les 45 jours qui suivent la cessation des paiements.

À défaut, les créanciers (salariés, organismes sociaux) peuvent saisir le tribunal de commerce.

- **Juridiction compétente**

  La SARL est une société commerciale. Le tribunal de commerce est compétent quand le débiteur est commerçant.

- **Décision du tribunal**

  Le tribunal rendra un jugement d'ouverture de redressement judiciaire ou de liquidation judiciaire après avoir vérifié que les conditions d'ouverture sont remplies (qualité du débiteur, état de cessation des paiements). Il nommera les organes de la procédure et fixera la date de cessation des paiements.

4 Jim

- Cas du fournisseur A : sa créance est antérieure au jugement d'ouverture. Le débiteur ne doit pas la payer. Le créancier a un délai de 2 mois à dater de la publication du jugement du BODACC pour déclarer sa créance.

- Cas du fournisseur B : sa créance est née après le jugement d'ouverture. Si elle est régulière, elle sera payée à son échéance par priorité à toutes les autres créances.

- *Poursuite des contrats en cours.* L'administrateur judiciaire a seul le pouvoir de décider l'exécution des contrats en cours. Le cocontractant dont le contrat n'a pas été exécuté pourra obtenir des dommages-intérêts si l'inexécution lui est préjudiciable.

  Certains contrats, tels les contrats de travail, les contrats d'assurance terrestre et les contrats d'édition, seront obligatoirement poursuivis.

- *Fonctionnement des comptes de la société.* L'administrateur judiciaire a la charge du fonctionnement des comptes bancaires ou postaux dont le débiteur est titulaire quand ce dernier a fait l'objet des interdictions prévues par les articles du Code monétaire et financier (L. 131-72 ou L. 165-2).

5 Pec

1. *Le «dépôt de bilan» :* c'est la déclaration de cessation des paiements qui doit être effectuée par le débiteur dans les 45 jours de la cessation des paiements auprès du tribunal compétent. Elle est accompagnée de la demande d'ouverture de redressement judiciaire et de divers documents (inventaire, états financiers, liste des créanciers, des sûretés...).

2. Rôle de M. Sap

M. Sap est l'administrateur judiciaire chargé :
- d'établir le bilan économique et social de l'entreprise,
- de proposer les solutions de redressement,
- de prendre certaines décisions, dans le cadre de la mission qui lui a été confiée par le tribunal,
- de surveiller, d'assister le débiteur dans la poursuite de l'exploitation (en attendant le plan de redressement) durant la période d'observation.

3. Décision de licenciements

L'administrateur procède aux licenciements économiques après avoir sollicité l'avis du juge-commissaire et avoir consulté le comité d'entreprise ou, à défaut, les délégués du personnel.

4. Décision d'acceptation de l'offre de reprise

Après vérification par l'administrateur judiciaire du caractère sérieux de l'offre et de la qualité de « tiers » de son auteur (qui ne doit pas être un dirigeant de la personne morale en redressement judiciaire, ni un parent ou allié jusqu'au 2e degré du dirigeant ou du débiteur personne physique), c'est le tribunal qui décide l'offre de reprise. Il choisit celle qui assure le plus durablement l'emploi et le paiement des créanciers.

Dans le cas, l'offre de la société allemande sera retenue (elle a la qualité de tiers et est sérieuse).

5. L'offre du PCA, M. Bire

M. Bire, PDG de la SA Pec, n'a pas la qualité de tiers puisqu'il en est le dirigeant. Son offre sera rejetée.

6 Cas Zero.fr

1. Chronologie des événements et caractéristiques juridiques

13.02 : date de cessation des paiements fixée par le jugement d'ouverture du redressement judiciaire. C'est le point de départ de la période suspecte qui s'étend jusqu'au 28.06, date du jugement d'ouverture.

25.02 : paiement d'une dette non échue à un fournisseur.

15.03 : acte à titre gratuit translatif de propriété (don d'un bien meuble : un ordinateur).

30.04 : paiement d'une dette échue à France Télécom.

28.06 : date du jugement d'ouverture de redressement judiciaire de la SAS, ouverture de la période d'observation.

La période suspecte s'étend de la date de cessation des paiements à la date du jugement d'ouverture, soit du 13.02 au 28.06. Elle ne peut excéder 18 mois : elle est de 3 mois et 15 jours antérieure au jugement d'ouverture dans le cas.

La période d'observation dans la procédure de redressement judiciaire est de 6 mois maximum renouvelable une fois à dater du jugement d'ouverture. Dans le cas, elle démarre le 28.06 et se terminera le 28.12 (ou le 28.06 de N + 1 en cas de renouvellement). Elle peut exceptionnellement être prolongée à la demande du procureur de la République pour une durée de 6 mois (soit 28.12 de N + 1)

2. Validité des opérations réalisées par le président de la SAS

Le législateur déclare nuls, lorsqu'ils auront été faits par le débiteur depuis la date de cessation de paiements, certains actes (nullités obligatoires) et laisse le soin au tribunal de déclarer nuls (nullités facultatives) d'autres actes.

On constate que les actes accomplis se situent tous dans la période suspecte. Ils sont donc susceptibles d'annulation :

– nullités obligatoires pour les actes à titre gratuit translatifs de propriété mobilière ou immobilière (cas de l'ordinateur) et tout paiement pour dette non échue au jour du paiement (cas de la facture payée au fournisseur avant son échéance). Ces deux actes seront annulés ; l'ordinateur devra être restitué et le fournisseur devra rembourser la somme perçue ;
– nullité facultative pour le paiement de dette échue effectué après la date de cessation des paiements si celui qui a traité avec le débiteur a eu connaissance de la cessation des paiements (cas de la facture de France Télécom sous réserve de prouver la connaissance de l'état de cessation de paiements du débiteur par France Télécom). Le tribunal appréciera et pourra annuler l'acte.

3. Démarche de l'administrateur judiciaire (conditions-effet)

L'action en nullité est exercée par l'administrateur (mais peut l'être également par le représentant des créanciers, le liquidateur ou le commissaire à l'exécution du plan). Elle a pour effet de reconstituer l'actif du débiteur.

La loi ne fixe aucun délai légal pour intenter l'action en nullité mais elle ne peut pas être engagée après le dépôt de l'état des créances admises par le juge commissaire (car l'admission des créances a un caractère irrévocable).

Effets de l'action en nullité : elle reconstitue l'actif du débiteur. Un bien en nature devra être restitué (si possible) ou sa contre-valeur sera versée. Une somme devra être remboursée, une sûreté annulée (le créancier se verra ramener au rang de créancier chirographaire).

7 Cas Roller

1. Contenu du document

- Bilan économique et social.
- Plan de redressement proposé, argumenté par les prévisions de chiffres d'affaires, des charges d'exploitation, de trésorerie.

2. Objectif

Obtenir du tribunal l'adoption du plan de redressement de continuation. Le débiteur propose la poursuite de l'activité de l'entreprise.

26 La liquidation judiciaire

Tests

1. Cas dans lesquels le tribunal prononce la liquidation judiciaire

- Dès le jugement d'ouverture au cas où :
  - l'entreprise est en état de cessation des paiements,
  - l'entreprise a cessé toute activité,
  - ou si son redressement est manifestement impossible.
- Pendant la période d'observation d'une procédure de sauvegarde ou de redressement judiciaire pour les mêmes motifs.
- Après la mise en place d'un plan de sauvegarde ou de redressement judiciaire lorsque le débiteur n'exécute pas ses engagements.

2. Objectifs de la liquidation judiciaire

La liquidation judiciaire est destinée :
- à mettre fin à l'activité de l'entreprise ;
- ou à réaliser le patrimoine du débiteur par une cession globale ou séparée de ses droits ou de ses biens.

3. Organes de la procédure de liquidation judiciaire

- Le tribunal.
- Le liquidateur désigné par le tribunal.
- Un juge-commissaire qui pourra désigner 1 à 5 contrôleurs parmi les créanciers.
- Un représentant des salariés désigné par le CE (ou les délégués du personnel).
- Le procureur de la République.

4. Devenir de l'activité de l'entreprise

Le prononcé de la liquidation judiciaire entraîne la cessation d'activité de l'entreprise mais le tribunal peut la maintenir pendant 6 mois maximum si sa cession totale ou partielle est envisageable ou si l'intérêt public ou celui des créanciers l'exige. Elle peut être prolongée à la demande du ministère public..

5. Sort des salariés

Le liquidateur est chargé de procéder au licenciement du personnel après information, consultation des représentants du personnel et des salariés et de l'autorité administrative (Direction départementale du travail et de l'emploi). Si l'entreprise fait l'objet d'un plan de cession, le personnel, en tout ou partie, pourra conserver son emploi.

6. Sort du débiteur

a) Débiteur, personne physique

Le débiteur ne peut plus exercer son activité commerciale, artisanale, agricole ou libérale.

Le débiteur, déclaré en liquidation judiciaire dès le jugement d'ouverture de la procédure, est désaisi de l'administration et de la disposition de ses biens jusqu'à la clôture de la liquidation mais la loi autorise le débiteur à accomplir les actes et à exercer les droits qui ne sont pas compris dans la mission des liquidateur. Il est frappé d'une interdiction d'exercer une fonction publique élective pendant 5 ans (sauf à en être relevé).

b) Débiteur, personne morale

La liquidation judiciaire entraîne sa dissolution. La personne morale subsiste, pour les besoins de la liquidation, jusqu'à la clôture de celle-ci.

Les dirigeants sociaux demeurent en fonction, sauf disposition contraire des statuts ou décision de l'assemblée générale, mais leurs pouvoirs sont très restreints du fait de ceux attribués par la loi au liquidateur.

7. Sort d'un créancier dont la créance est antérieure au jugement de liquidation judiciaire

Le jugement d'ouverture de liquidation judiciaire suspend ou interdit toute action en justice de tous les créanciers dont la créance est antérieure au jugement.

Le créancier doit déclarer sa créance au liquidateur dans le délai de deux mois de la publication du jugement au BODACC.

Cependant, les créanciers titulaires d'un privilège spécial, d'un nantissement ou d'une hypothèque, et le Trésor public pour ses créances privilégiées peuvent exercer leur droit de poursuite individuelle sous certaines conditions.

8. Sort des créances non échues

Le jugement qui ouvre ou prononce la liquidation judiciaire rend exigible les créances non échues. Quand le tribunal autorise la poursuite de l'activité, les créances non échues ne sont exigibles qu'à la date du jugement prononçant la cession de l'entreprise.

9. Réaliser l'actif. Apurer le passif

- *Réaliser l'actif :* le liquidateur exerce les droits et actions à la place du débiteur. Il vendra les éléments d'actif (immeubles, meubles) de gré à gré ou aux enchères (sous le contrôle du juge-commissaire).
- *Apurer le passif :* le liquidateur répartit le produit de la réalisation entre les créanciers après vérification et admissions de leurs créances, selon un certain ordre établi par la loi.

  Pour les créanciers chirographaires, la répartition se fera au marc le franc (en proportion de l'importance de leur créance).

10. Créanciers payés en premier et en dernier. Justification d'un ordre de paiement

- En premier : les salariés pour les 60 derniers jours de travail (super-privilège).
- En dernier : les créanciers chirographaires.
- Justification d'un ordre de paiement : les créanciers qui ont permis le fonctionnement de l'entreprise (salariés, créanciers postérieurs au jugement d'ouverture) ou la mise en place de la procédure (frais de justice) sont payés en premier.

  Les créanciers qui ont pris la précaution d'assortir leur créance d'une garantie, ou ceux que la loi protège (dans l'intérêt public : Trésor) par un privilège, passent avant les créanciers ordinaires (chirographaires).

11. Effet du jugement de clôture de liquidation sur le droit de poursuite des créanciers

Le jugement de clôture de liquidation judiciaire pour insuffisance d'actif ne permet pas aux créanciers impayés d'exercer leur poursuite individuelle contre le débiteur, sauf si la créance résulte :

- d'une condamnation pénale du débiteur,
- de droits attachés à la personne du créancier.

La caution ou le co-obligé qui a payé au lieu et place du débiteur peut poursuivre celui-ci.

Les créanciers pourront reprendre leur poursuite individuelle dans les principaux cas suivants :

- si la faillite personnelle du débiteur a été prononcée ;
- si le débiteur a été reconnu coupable de banqueroute ;
- en cas de fraude à l'égard d'un ou plusieurs créanciers.

Les créanciers qui retrouvent leur droit de poursuite individuelle pourront obtenir un titre exécutoire par ordonnance du président du tribunal.

Enfin, la procédure de liquidation judiciaire clôturée pour insuffisance d'actif peut être reprise par le tribunal sur saisine d'un créancier intéressé, du liquidateur, du ministère public, s'il apparaît :

- que des actifs n'ont pas été réalisés ;
- ou que des actions dans l'intérêt des créanciers n'ont pas été engagées au cours de la procédure.

12. Conditions d'ouverture de la liquidation judiciaire simplifiée

La liquidation judiciaire s'applique lorsque :
- l'actif du débiteur ne comprend pas de bien immobilier ;
- le nombre de ses salariés au cours des six mois précédant l'ouverture de la procédure est égal ou inférieur à 5 et dont le nombre de 5 salariés n'a pas été dépassé au cours des 6 mois ;
- le chiffre d'affaires HT est égal ou inférieur à 750 000 .

Ces conditions sont cumulatives.

Cas pratiques

1 Cas Pioline

1. Conditions d'ouverture d'une procédure de liquidation judiciaire

La SARL est une personne morale de droit privé : elle fait partie des personnes visées par les procédures collectives.

Elle est en état de cessation des paiements : son passif de 275 000 € ne peut pas être couvert par son actif.

L'activité de la société a cessé ou son redressement est manifestement impossible : la cause n'est pas précisée mais le fait que le gérant souhaite la liquidation judiciaire laisse penser qu'une ou l'autre des conditions est remplie.

Le tribunal compétent est le tribunal de commerce du siège social (la société est immatriculée à Nice dans le cas).

La saisine du tribunal a été effectuée par le débiteur (son représentant légal, le gérant M. Loupionac).

La procédure de liquidation judiciaire simplifiée s'applique lorsque :
- l'actif du débiteur ne comprend pas de bien immobilier ;
- le nombre de ses salariés au cours des six mois précédant l'ouverture de la procédure est égal ou inférieur à 5 et dont le nombre de 5 salariés n'a pas été dépassé au cours des six mois ;
- le chiffre d'affaires HT est égal ou inférieur à 750 000 €.

Ces conditions sont cumulatives.

Le nombre de salariés dépassant 5 salariés, la société ne pourra pas être soumise à la procédure simplifiée.

2. Contenu du jugement

Le tribunal :
- rend un jugement d'ouverture de liquidation judiciaire ;
- fixe provisoirement la date de cessation des paiements au 31.10. 2005 ;

- nomme le juge commissaire et le liquidateur ;
- invite les 8 salariés à désigner un représentant des salariés ;
- fixe le délai de déclaration de créances : deux mois à dater de la publication du jugement au BODACC ;
- fixe le délai de dépôt des créances par le liquidateur (un an à compter de la publicité du jugement au BODACC) ;
- organise la publicité du jugement : notification au débiteur ; copie du jugement devra être adressé au liquidateur, au procureur de la République ; mention du jugement au RCS ; publicité au BODACC, au JAL du siège du débiteur ;
- ordonne l'exécution provisoire du jugement ;
- décide que les frais de justice relatifs à la procédure collective sont à la charge du débiteur.

2 Cas Stic

1. Décision du tribunal

La procédure de liquidation judiciaire est ouverte sans période d'observation :
- à l'égard de tout commerçant (ici un commerçant, personne morale : la société commerciale SARL Stic) ;
- en état de cessation des paiements : les salariés (créanciers du débiteur) sont impayés ;
- dont le redressement est manifestement impossible (cas d'espèce) : la société n'a plus aucun espoir de redressement.

2. Sort de la société

La liquidation judiciaire entraîne la dissolution de la société. La personnalité morale subsiste cependant jusqu'à la clôture de la liquidation, pour les besoins de celle-ci.

3. Personne chargée de liquider la société, son rôle. Rôle de M. Stic

Le liquidateur est nommé par le tribunal pour procéder aux opérations de liquidation de l'entreprise :
- établir l'état des créances, leur ordre de paiement,
- dresser l'état de l'actif, procéder à sa réalisation (vente) ;
- exercer les droits du débiteur en ses lieu et place ;
- régler les créanciers.

M. Stic, représentant légal du débiteur, demeure en fonction, sauf disposition contraire des statuts ou décision des associés. Ses pouvoirs sont restreints du fait des pouvoirs attribués par la loi au liquidateur.

4. Sort des dettes non échues au jour du jugement d'ouverture de la procédure

Le jugement de liquidation judiciaire rend exigibles les créances non échues. Toutefois, quand le tribunal autorise la poursuite de l'activité, les créances non échues ne sont exigibles qu'à la date du jugement prononçant la cession de l'entreprise.

5. Sort des salariés

Les salariés seront licenciés par le liquidateur après information du CE et de l'autorité administrative. Pour leur dernier mois de salaire, ils bénéficient du super-privilège des salariés et seront payés en premier sur le produit de la liquidation (ou par les ASSEDIC au titre de l'assurance en garantie des salaires si le produit de liquidation est insuffisant).

Si l'entreprise fait l'objet d'un plan de cession, le personnel, en tout ou partie, pourra conserver son emploi avec le repreneur.

2 Cas Cigal

1. Poursuite des créanciers contre l'associée majoritaire d'une SARL

Les associés d'une SARL ont une responsabilité limitée aux apports. Mme Cigal, en sa qualité d'associée, ne peut être poursuivie personnellement.

2. Mise en liquidation judiciaire de la gérante de la SARL

Si la société est mise en liquidation judiciaire, cette procédure ne sera pas étendue au dirigeant. Le dirigeant :

- en cas d'insuffisance d'actif ;
- pour certains agissements fautifs (abus de biens sociaux, tenue de comptabilité fictive, irrégulière, dissimulation d'actif...) ;

peut :

- être actionné en comblement de passif sous certaines conditions ou être obligé aux dettes sociales ;
- être déclaré en faillite personnelle ;
- être frappé d'une mesure d'interdiction.

3. Démarrage d'une nouvelle activité

En qualité d'associée d'une société à responsabilité limitée nouvelle, Mme Cigal pourra toujours démarrer une nouvelle activité.

Mais elle ne pourra pas la diriger si elle a été frappée d'une interdiction de diriger, gérer, administrer directement ou indirectement une entreprise à la suite de la procédure collective de la SARL Cigal.

27 Les sanctions civiles et pénales

Tests

1. Sanctions patrimoniales possibles contre les dirigeants sociaux

- Incessibilité des parts ou actions ou cession forcée des titres détenus par les dirigeants.
- L'action en comblement de passif.
- L'obligation aux dettes sociales.

2. Objectif et conditions de l'action en comblement de passif

Elle vise la condamnation du dirigeant au paiement de tout ou partie des dettes sociales à la suite d'une procédure collective lorsqu'apparaît une insuffisance d'actif.

Conditions de l'action en comblement de passif :

- sont visés le dirigeant de droit ou de fait d'une personne morale de droit privé soumise à une procédure collective (exemple : le gérant d'une SARL soumise à la procédure de sauvegarde, de redressement ou de liquidation judiciaire) ;
- sont également visées les personnes physiques représentants permanents des dirigeants personnes morales (exemple : le directeur général d'une SA qui représente celle-ci au conseil d'administration d'une autre société) (L. 651-1) ;
- la personne morale doit faire l'objet d'une procédure de sauvegarde, de redressement ou de liquidation judiciaire ;
- une insuffisance d'actif doit apparaître lors de la résolution d'un plan de sauvegarde ou de redressement judiciaire ou lors de la liquidation judiciaire ;
- une faute de gestion ayant contribué à l'insuffisance d'actif doit exister ;
- l'action en comblement de passif doit être engagée dans un délai de 3 ans à compter du jugement qui prononce la liquidation judiciaire ou la résolution du plan de sauvegarde ou de redressement judiciaire.

Le tribunal est saisi par :

- le mandataire judiciaire ;
- le liquidateur ;
- le ministère public ;
- la majorité des créanciers nommés contrôleurs lorsque le mandataire judiciaire ayant qualité pour agir n'a pas engagé l'action en comblement de passif malgré une mise en demeure d'agir.

3. Raison de la différence de conséquences selon que la condamnation a été exécutée ou pas

Si le dirigeant a comblé le passif, les créanciers sont désintéressés. S'il ne l'a pas fait, ils demeurent impayés. La menace de sanctions civiles plus lourdes (faillite personnelle, mesure d'interdiction de diriger) peut inciter le dirigeant à exécuter sa condamnation au comblement du passif.

4. Justification de la vente forcée des titres des dirigeants

Ayant fait la preuve de leur incompétence dans la gestion de la société, il vaut mieux qu'ils ne soient plus associés pour ne pas influencer à l'avenir la direction nouvelle, surtout s'ils sont majoritaires.

5. Conditions de l'obligation aux dettes sociales

Cette sanction ne peut pas s'appliquer si l'action en comblement de passif a été engagée. Le dirigeant ne peut donc pas être poursuivi simultanément en comblement de passif et pour obligation aux dettes sociales

Personnes visées

Les dirigeants de droit ou de fait d'une personne morale au cours d'une procédure de liquidation judiciaire.

Les dirigeants de personnes morales placées sous sauvegarde et en redressement judiciaire ne peuvent pas être poursuivis dans le cadre de l'obligation aux dettes sociales.

Conditions de l'action

Fautes susceptibles d'être sanctionnées

Lorsqu'il est établi, à l'encontre du dirigeant que l'une des fautes suivantes a contribué à la cessation des paiements :

1) avoir disposé des biens de la personne morale comme des siens propres ;

2) sous le couvert de la personne morale masquant ses agissements, avoir fait des actes de commerce dans un intérêt personnel ;

3) avoir fait des biens ou du crédit de la personne morale un usage contraire à l'intérêt de celle-ci à des fins personnelles ou pour favoriser une autre personne morale ou entreprise dans laquelle il était intéressé directement ou indirectement ;

4) avoir poursuivi abusivement, dans un intérêt personnel, une exploitation déficitaire qui ne pouvait conduire qu'à la cessation des paiements de la personne morale ;

5) avoir détourné ou dissimulé tout ou partie de l'actif ou frauduleusement augmenté le passif de la personne morale.

Il faut noter que les agissements coupables en matière de tenue de comptabilité ont été supprimés par la loi du 26.07.2005.

Procédure

Le tribunal est saisi par les mêmes personnes que pour l'action en comblement de passif. L'action doit être engagée dans les 3 ans à compter du jugement qui prononce la liquidation judiciaire.

Quand le dirigeant est poursuivi pour obligation aux dettes sociales, il ne peut être poursuivi en comblement de passif.

Sanction

Le dirigeant condamné devra payer tout ou partie des dettes sociales.

En cas de pluralité de dirigeants responsables, le tribunal tient compte de la faute de chacun pour déterminer la part de dettes sociales mises à sa charge. Par décision motivée, il peut les déclarer solidairement responsables.

Les sommes recouvrées sont affectées au désintéressement des créanciers selon l'ordre de leurs sûretés.

Si le dirigeant de la personne morale ne paie pas les dettes de celle-ci mises à sa charge, le tribunal peut prononcer contre lui une sanction personnelle, la faillite personnelle, ou lui imposer de céder les titres qu'il détient de la personne morale ; le produit de la vente est affecté au paiement de la part de dettes sociales qui lui incombe.

6. Conséquences du prononcé de la faillite personnelle du dirigeant d'une société

La faillite personnelle emporte interdiction de diriger, gérer, administrer ou contrôler, directement ou indirectement, toute entreprise commerciale ou artisanale, toute exploitation agricole et toute personne morale ayant une activité économique ou toute entreprise ayant toute autre activité indépendante et toute personne morale.

Le dirigeant sera également déchu de certains droits (politiques, professionnels, honorifiques) mais aussi :

- civique, par sa radiation des listes électorales ;
- de vote dans les assemblées des personnes morales.

Par ailleurs, le tribunal qui prononce la faillite personnelle peut prononcer aussi l'incapacité d'exercer une fonction publique élective et obliger le dirigeant à céder ses titres.

La durée de la faillite personnelle ne peut être supérieure à 15 ans. Elle cesse de plein droit à l'arrivée du terme fixée par le tribunal sans qu'un jugement intervienne.

Le dirigeant condamné à la faillite personnelle qui exercerait une activité interdite s'expose à des sanctions pénales : emprisonnement de 2 ans et amende de 375 000 .

7. Dirigeants visés par la banqueroute

En cas d'ouverture d'une procédure de redressement ou de liquidation judiciaires, les dirigeants de droit ou de fait ainsi que les représentants des personnes morales dirigeantes sont coupables de banqueroute s'il a été relevé l'un des faits suivants :

1) avoir, dans l'intention d'éviter ou de retarder l'ouverture de la procédure de redressement, soit fait des achats en vue de la revente en dessous du cours, soit employé des moyens ruineux pour se procurer des fonds ;

2) avoir détourné ou dissimulé tout ou partie de l'actif du débiteur ;

3) avoir frauduleusement augmenté le passif du débiteur ;

4) avoir tenu une comptabilité fictive ou fait disparaître des documents comptables de l'entreprise ou de la personne morale ou s'être abstenu de tenir toute comptabilité lorsque les textes applicables en font obligation ;

Cas pratiques

1 Tanc

Conditions d'application de l'action en comblement de passif

Personne visée : M. Tanc, gérant de la SARL Café du Port ; c'est le dirigeant de droit.

Une procédure collective à l'encontre de la société : la liquidation judiciaire de la société a été prononcée.

Une insuffisance d'actif : un passif de 232 153 € ne peut être comblé.

Une faute de gestion : le gérant n'a pas déclaré l'état de cessation des paiements pour pouvoir vendre le fonds ; il n'a jamais effectué de déclaration fiscale, n'a jamais tenu de comptabilité, n'a pas payé de TVA.

Un lien de causalité entre la faute de gestion et l'insuffisance d'actif est établi selon le liquidateur.

La saisine du tribunal (celui qui a ouvert la procédure : tribunal de commerce de Bordeaux dans le cas) peut être faite par le liquidateur (cas d'espèce).

Le délai pour engager l'action en comblement de passif est de trois ans à dater du jugement d'ouverture de liquidation judiciaire (ici le 28.3.2004 alors que le jugement d'ouverture date du 31.1.2003) ; le délai est respecté.

Le liquidateur souhaite que M. Tanc comble le passif de la SARL Café du Port avec son patrimoine personnel. Il appartient au tribunal de trancher.

2 Roussel

- **Emprunt conclu à un taux d'intérêt supérieur à 3 % au taux moyen du marché**
  Non, s'il s'agit d'un élément isolé. Oui, si d'autres moyens ruineux, pour se procurer du crédit, ont été mis en place.
- **Passation de marché à perte avec l'administration à des conditions normales par rapport à la concurrence**
  Non, sauf si le dirigeant savait que le marché était à perte.
- **Mise à l'escompte de traites quand on sait qu'elles ne seront pas honorées à l'échéance**
  Oui.
- **Transfert de marchandises d'une société à une autre**
  Oui.
- **Tenue d'une comptabilité recettes-dépenses**
  Oui, car la comptabilité par engagement est obligatoire.
- **Tenue d'une comptabilité entièrement manuscrite**
  Non, il n'y a pas d'obligation à une tenue par un système mécanographique ou informatique des comptabilités.

049929 - (I) - (1,7) - OSB 80° - EDI - CDD

Achevé d'imprimer sur les presses de SNEL Grafics sa
Z.I. des Hauts-Sarts - Zone 3 – Rue Fond des Fourches 21 – B-4041 Vottem (Herstal)
Tél +32 (0)4 344 65 60 - Fax +32 (0)4 286 99 61 – juin 2006 – 37616

Dépôt légal : juillet 2006

Imprimé en Belgique